如何获得千万投资

投资策略实战一本通

苟旭杰 著

中国商业出版社

图书在版编目（CIP）数据

如何获得千万投资：投资策略实战一本通 / 苟旭杰著. -- 北京：中国商业出版社，2024. 8. -- ISBN 978-7-5208-2965-6

Ⅰ. F830.59

中国国家版本馆CIP数据核字第2024NP7303号

责任编辑：杨善红

策划编辑：刘万庆

中国商业出版社出版发行

（www.zgsycb.com　100053　北京广安门内报国寺1号）

总编室：010-63180647　　编辑室：010-83118925

发行部：010-83120835/8286

新华书店经销

香河县宏润印刷有限公司印刷

*

710毫米×1000毫米　16开　14.75印张　190千字

2024年8月第1版　2024年8月第1次印刷

定价：68.00元

****

（如有印装质量问题可更换）

前言

获得投资，赋予企业最强劲的向上力

在当今世界，各种投资不仅为企业提供了扩张和创新的资金支持，更是企业实现战略目标、塑造品牌影响力、增强市场竞争力的关键因素。

著名经济学家约瑟夫·熊彼特在其创新理论中强调，创新是推动经济发展的根本动力，而获得投资是创新得以实现的重要前提。企业通过吸引投资，不仅能够解决资金短缺的燃眉之急，更能获得资金支持下的技术研发、市场拓展及品牌建设等一系列机会。这些机会的实现，无疑将大大增强企业的市场竞争力，推动企业快速成长。

现代管理学之父彼得·德鲁克在其著作《管理的实践》中同样指出，企业成长的基础是获得投资。他认为，没有投资，企业就无法实现技术和市场的双重扩张，也就无法保持持续竞争力。德鲁克强调了资金在企业战略规划和运营管理中的重要性，指出企业应根据自身的发展阶段和市场环境，合理获取资金资源，以实现企业的稳健成长。

本书正是基于这样的时代背景，深入探讨企业如何成功吸引投资、有效利用资本，进而实现跨越式发展的。

投资不仅是资金层面的交流，更是理念、战略、团队和市场的全面对接。一个企业要想吸引投资，首先必须自身具备独特的价值和发展潜力，包括但不限于清晰的市场定位、创新的产品或服务、高效的运营管理、稳定的盈利预期等。这些都是从企业经营者的角度出发的，可见企业只要做好了该做的，然后去吸引投资，就能最大化地得到投资者的垂青。

本书的独特之处在于为企业家和管理者提供一个全新的视角，让他们了解投资者的思考逻辑和决策过程，从而更好地展示自己企业的优势，赢得投资者的青睐。因此，本书将从投资者的角度分析投资决策的关键因素，帮助企业把握市场脉搏，掌握与投资者沟通与谈判的艺术，最终实现企业与投资者的双赢。

同时，本书还将深入探讨不同类型的投资方式及其特点，包括但不限于风险投资、股权融资、债券融资、项目融资、政府基金等，帮助企业根据自身发展阶段和需求选择合适的融资途径。此外，本书还在阐述的过程中适时分享了一些成功的投资案例和实战经验，从而为读者提供参考和启示。

在撰写本书的过程中，我们深入研究了国内外众多企业和投资者的成功案例和失败教训，结合实践经验和专业知识，力求为读者呈现一本既有理论深度又具实操指导意义的书。我们相信，通过阅读本书，企业家和管理者不仅能够更好地理解和把握投资机会，还能在实践中不断提升自己的企业管理和资本运作能力。

本书不仅是一部关于企业获得投资的实战指南，更是一部关于企业成长和市场竞争的战略之作，旨在为广大企业家和管理者提供一套完整的投融资指南，帮助企业通过获得投资实现强劲发展。同时激发更多企业家和管理者去思考和探索企业与投资之间的奥秘和可能性，让企业家和管理者更富智慧和创造力，从而为企业发展注入更多活力与动力。

本书力求做到内容全面、结构清晰、语言流畅，同时，我们也非常注重读者的阅读体验，力求让每一位读者在阅读本书的过程中都能感受到作者的诚意和用心。

在本书的撰写过程中，我们得到了许多专家、学者和业界人士的支持与帮助，他们的建议和意见为我们提供了宝贵的参考和启示。在此，我们向这些专家、学者和业界人士表示衷心的感谢和敬意。同时，我们也感谢广大读者对本书的关注和支持，正是你们的支持和信任让我们有了持续创作的动力和源泉。

最后，我们希望本书能够成为企业家和管理者在投融资道路上的良师益友，帮助大家不断提升自己的企业管理和资本运作能力，为企业的健康发展和繁荣贡献智慧与力量。同时，我们也期待与广大读者一起探讨和学习更多关于企业与投资的话题，共同推动中国企业的健康发展和持续创新。

目录

第一章 没有不缺钱的企业

现金流断裂的"突然死亡" / 2

现金流出现何种情况，企业需要获得投资 / 4

别等到资金短缺时再找投资 / 8

被错误理解的"低成本扩张" / 10

融资让债务低于现金流 / 13

支持长期项目和发展计划 / 15

第二章 基本面分析：最有利获得投资的市场机会

围绕五大问题深入了解企业 / 20

了解市场，通过三个方面为企业做宏观分析 / 24

高成长性行业：有利于投资者寻求高回报 / 27

消费升级趋势：能够提供稳定的现金流和利润 / 30

政策支持领域：降低企业运营风险和市场风险 / 32

第三章　企业背景分析：什么样的企业能获得千万投资

优化商业模式：保证盈利有优势 / 36

实施项目包装：企业和项目要具有想象空间 / 40

建设优秀团队：让人才带来钱财 / 42

评估增长机会：呈现企业发展前景 / 44

股权分配合理：为投资者进入做准备 / 47

做大企业估值：致力于打造"高"身价 / 52

第四章　投资行为分析：投资者喜欢什么样的企业

创始人格局大，不被短期利益诱惑 / 56

处于新兴细分领域，且潜力巨大 / 58

所在市场有明显的现金流优势 / 59

研发的产品要有差异化与不可替代性 / 61

财务状况健康，法律结构合规 / 63

具有清晰的盈利模式，有利于利润最大化 / 65

面临各种风险时的应对策略和管理能力优异 / 68

第五章　中小企业获得投资的规划与运营

找到最合适的投资者 / 72

经营者应该提防的六类投资者 / 75

与FA机构合作，专业人做专业事 / 78

接触投资者的时机与方法 / 81

处理好与投资者的关系 / 84

面对投资者，经营者该要多少钱 / 86

第六章　企业获得千万投资的十大策略

风险投资：为中小企业打开资本窗口 / 92

股权融资：低成本撬动高额投资 / 94

债权融资：多种模式带来资本杠杆正效应 / 97

项目融资："画饼赊账"获得资金 / 105

商业信用融资：限制条件最少的筹资方式 / 108

无形资产抵质押：将财产权转换为资金 / 111

互助担保联盟：商圈经济可以抱团贷款 / 113

政府基金：为企业发展提供稳定的资金保障 / 116

创新基金：帮助初创期中小科技企业跨越"死亡之谷" / 119

国际市场开拓资金：金融活水助力企业乘风破浪"走出去" / 122

第七章　尽职调查：获得投资需从五个维度接受评估

从五个方面考察创业者的心理准备 / 126

从三个方面掌握企业经营潜力 / 129

从四个方面对企业进行财务审计 / 132

从五个方面对企业进行法务合规性审查 / 139

从四个方面了解企业股权结构 / 144

第八章　PR全流程搭建，获得投资必须得造势

提高线上知名度 / 152

让媒体为企业站台 / 155

打造企业创始人 IP / 158

欢迎投资者实地考察 / 160

超级路演的节奏 / 163

融资产生背书效应 / 166

第九章　撰写商业计划书，描绘企业发展蓝图

产品定位：全方位阐述核心卖点 / 170

竞品调查：主要竞争对手的优势和劣势 / 173

关键数据：产品以外的直观体验 / 175

团队运营：我们能做好的深层原因 / 178

资金规划：明确资金需求与使用情况 / 182

经营收益：保证投融双方的共同利益 / 184

资本退出：让投资者安心退出 / 187

第十章　谈判与合同签订，正式撬动资本杠杆

与投资者接触四大忌 / 192

谈判需要注意的六个问题 / 194

应对投资者可能提出的特殊权利 / 196

建立优势与达成一致 / 199

企业融资的重要防线：Term Sheet / 201

五类投资协议核心条款详解 / 204

第十一章 规避融资风险，促进企业可持续发展

融资中常见的八种风险 / 210

建立有效的融资风险评估和分析模式 / 213

提升企业信用等级，提高融资水平 / 215

注重融资渠道的开发和拓展 / 217

合理确定资金需求量，控制资金投放时间 / 219

健全企业融资风险防范管理长效机制 / 221

第一章
没有不缺钱的企业

在商业世界中，无论是初创公司还是行业巨头，都会面临资金的问题。资金是企业运营的血脉，是企业扩张、创新和应对市场波动的关键。然而，现实是残酷的，没有哪个企业能够完全摆脱资金短缺的困境。因此，企业需要进行正确的、优质的、高效的融资。

现金流断裂的"突然死亡"

商场如战场，企业的生死存亡往往在一念之间。其中，现金流作为企业的血液，一旦断裂，即使是昔日的行业巨头也可能面临"突然死亡"。

现金流是企业在一定时期内现金流入和流出的总量，既关系到企业的日常运营，也是企业生存和发展的基石。正如著名经济学家彼得·德鲁克所说："企业不是利润中心，而是现金流中心。"一个企业的利润再高，如果现金流出现问题，也难以摆脱失败的命运。

贝尔斯登是美国第五大投资银行，主要从事有价证券的投资，房地产、金融、保险是其最主要的投资方式，贝尔斯登的日常经营伴随着大量现金的流入与流出，这决定了它需要承担非常大的风险。

在全球金融危机爆发前的 2006 年，美国房地产市场形势就急转直下，次贷借款人的还款压力增加，还贷违约现象开始大面积出现。再一年春季，美国次贷危机便开始逐步显现，到第二年 8 月就席卷美国、欧洲和日本等世界主要金融市场。

2007 年，贝尔斯登旗下的两家基金——高级信贷策略基金和高级信贷策略杠杆基金，由于经营次贷支持担保债务凭证（CDO）投资的业务，受到次贷危机牵连，不得不在同年 8 月宣布倒闭，投资者总计损失逾 15 亿美元。

随着次贷危机的影响越来越严重，众多贷款人的经济状况受到了非常严重的影响，还贷违约现象暴增，导致充当抵押担保的有价证券急剧下跌。贝尔斯登持有的与住房抵押贷款有关的大量资产在短时间内价值暴跌，公司利润急速下跌，产生了严重亏损。金融风暴同时也让贝尔斯登的金融衍生品的价格大幅下跌，这让公司的盈利能力进一步下跌。

持续的大面积亏损使贝尔斯登的现金流日趋枯竭，再加上贝尔斯登高财务杠杆的经营模式让外界丧失了最后的信心，公司曾经的合作伙伴纷纷宣布终止与贝尔斯登的合作，快速抽走了最后的资金。万般无奈之下，这个在两三年前还风光无限的公司，于2008年3月被美国摩根大通公司收购。

从贝尔斯登破产的案例中，可以看出现金流对于企业的重要意义。现金流如同企业的血液，现金流断裂，就意味着企业失血过多，濒临死亡，若再无造血功能，死亡的速度将非常快。而贝尔斯登从现金流充足到现金流完全枯竭，历时才两年多。表面看起来，次贷危机和全球金融海啸是其破产的原因，但如果没有次贷危机的爆发，进而引发的全球性金融危机，贝尔斯登就能一直生存下去吗？收购方摩根大通曾做过评估，认为贝尔斯登后期激进的经营模式决定了其只能享受短暂的高峰期，其资金流入过快，也就注定了终有一日会出现因资金集中流出而引发的现金流危机。摩根大通的意思很明确，贝尔斯登的经营模式触发了现金流断裂的五大根本原因（见图1-1）。五占其三，企业就会有巨大的潜在现金流风险；五占其四，企业将随时面临现金流断裂的危机；五项占全，则企业注定会被现金流断裂所拖垮。

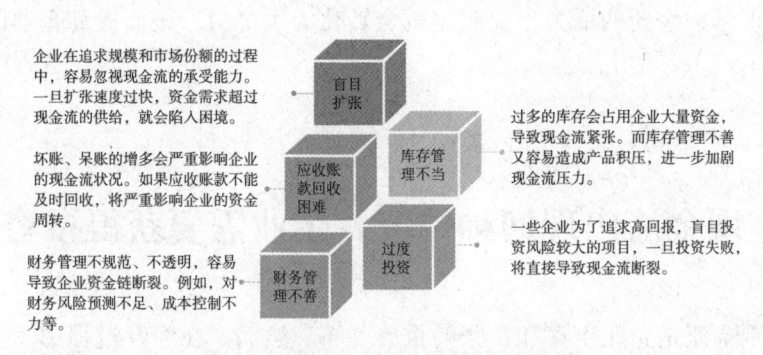

企业在追求规模和市场份额的过程中，容易忽视现金流的承受能力。一旦扩张速度过快，资金需求超过现金流的供给，就会陷入困境。

坏账、呆账的增多会严重影响企业的现金流状况。如果应收账款不能及时回收，将严重影响企业的资金周转。

财务管理不规范、不透明，容易导致企业资金链断裂。例如，对财务风险预测不足、成本控制不力等。

盲目扩张

库存管理不当

应收账款回收困难

过度投资

财务管理不善

过多的库存会占用企业大量资金，导致现金流紧张。而库存管理不善又容易造成产品积压，进一步加剧现金流压力。

一些企业为了追求高回报，盲目投资风险较大的项目，一旦投资失败，将直接导致现金流断裂。

图1-1　企业现金流断裂的五大原因

著名财经作家吴晓波曾说:"现金流是企业的生命线,没有现金流的企业就像没有血液的人。"因此,现金流断裂对企业而言意味着面临死亡。一旦现金流出现问题,企业将面临以下严重后果。

(1)运营停滞:没有足够的现金流,企业将无法支付员工工资、采购原材料等,导致生产运营陷入停滞。

(2)信誉受损:没有现金,就无法按时偿还债务,进而会导致企业信誉受损,影响合作伙伴和投资者的信心。

(3)市场份额下降:现金流断裂使企业无法进行有效的市场推广和产品研发,会导致市场竞争力急速下降。

(4)法律纠纷:因无法偿还债务而引发的法律诉讼,不仅会增加企业的财务负担,还可能导致企业破产。

一位经济学家说:"企业要学会在冬天里生存,而现金流就是冬天的粮食。"为了预防出现现金流危机,企业必须时刻保持现金流充足,企业自身造血只是一部分,寻找外部输血更加重要。获得投资是保障企业现金流充足的重要一步,而且企业可在融资过程中完善和提升经营策略。

当然,获得投资只是保证企业获得了现金流,并不能保证企业在经营中合理运用现金,因此,企业应在经营过程中建立完善的现金流管理制度,让企业现金流动性始终处于良好状态。只有确保了现金的利用率,才能最大限度释放企业的活力,及时将资金转化为生产力,进而提高企业的市场竞争力。

现金流出现何种情况,企业需要获得投资

现金流是企业生存和扩张的重要基石。然而,在经营过程中,企业往往会面临现金流短缺的情况,这时,寻求外部投资就成为一种常见的策略。

本节将探讨现金流在何种情况下会对企业的运营产生压力，从而需要企业通过获得投资来缓解现金流压力。

通常现金流压力下的企业需求有以下四个方面。

（1）生存期的资金需求。企业初创阶段，最缺的就是钱，急需一笔或多笔救命资金以保证自己能生存下来。

（2）扩张期的资金需求。企业进入快速扩张期后需要大量资金用于市场开拓、设备升级、人才引进等，此时若仅凭企业自身的现金流是难以满足这些需求的。

（3）研发创新投入。企业的任何阶段都需要通过研发创新保持竞争力。然而，研发往往具有高风险、长周期的特点，需要稳定的资金来源。因此，当企业需要投入大量资金进行研发创新时，外部投资就成为一个重要的选择。

（4）应对突发事件。突发事件不常见，如自然灾害、市场波动、金融危机等，一旦出现往往会对缺乏准备的企业造成巨大的现金流冲击。在这些情况下，企业需要迅速调整策略，并可能需要外部投资来渡过难关。

虽然我们列举了四种企业需要现金流压阵的情况，但现实经营中的情况更为复杂多变，真正需要现金流支撑的情况又何止上述四种。因此，每一位企业经营者都应时刻做好融资准备，在资金流出现异常或者当下资金良好但未来必然需要资金的预判下，都应立刻着手寻找投资，从资金层面上杜绝现金流断裂的可能性。

为了便于理解现金流在何种情况下企业需要获得投资，我们从企业发展的不同阶段和现金流占总资产的不同比例两个方面进行详细阐述。

1. 阶段融资警戒线

通常，企业的发展阶段分为初创阶段、成长阶段、成熟阶段和衰退阶段。每个阶段有每个阶段的困难，企业想要生存得更好，都离不开资金的支持。企业规模小微时，所需的资金少，但自身造血功能同样弱小，因此离不开融资；企业规模大时，自身造血功能强大，但所需的资金也更多，同样离不开融资。下面，逐一分析企业各阶段为什么需要进行融资。

（1）初创阶段。产品处于创意期，创业者需要投入资金以进行下一步的研发、生产，将产品由设想变为现实，并形成商品化的生产方案，以验证创意的可行性。这一阶段的企业，无论从何种角度而言，都必须获得投资，否则不可能走下去。

（2）成长阶段。产品已经完成了商品化且进入试销阶段，企业需要大量资金购买相关设备、进行后续研发和市场营销推广。核心目的是验证产品在市场中的可行性，并构建销售网络。这一阶段的企业，基本不具备自给自足的能力，同时又是最需要资金的时期，只有获得大笔投资，才有可能继续"烧钱"获得崛起。

（3）成熟阶段。企业能够获得可观的利润了，但并不意味着企业的资金流就会充足。因为成熟的企业同样需要继续发展，否则就如逆水行舟，不进则退。而继续发展就需要资金的支撑，这个阶段的企业必须保证资金流动正常，经营者需要确保企业账户中永远有不低于最少 12 个月正常开销的现金储备。这样做的原因有两个：①企业只要保证账户中有资金，就不会在出现问题或突发意外时措手不及。②完成一轮融资通常需要 6 个月左右，如果现金储备低于 12 个月，就意味着某一次融资只能成功不能失败，企业的可选余地就变小了，融资的主动权也就降低了。

（4）衰退阶段。这是一个看起来挺恐怖的时期，但只要成熟的企业在遭遇市场饱和、人工成本上升和商业环境不利等情况时，都会导致利润下滑、现金流减少，因此由成熟进入衰退。但衰退并不意味着一衰到底，只要企业能够采取正确的措施，能够有充足的现金流保证，就能更从容地应对衰退的危险，重新从衰退中走出来，再次回归成熟企业行列。如通用电气、迪士尼、微软、苹果等巨无霸级企业，都或长或短地遭遇过衰退，但它们都找到了重生的机会，将现金流牢牢握住，任何情况下都确保企业现金流充足，才有机会熬过困难阶段。

因此，判断一家企业什么时候应该融资，可以通过客观判断企业所处的发展阶段及融资能力入手，从而提前设置融资警戒线。当企业触及融资警戒线时，经营者就必须立刻开始寻找投资。

2. 三级融资布局

企业现金流与总资产之比，反映了企业的经营状况。企业现金流所占总资产比例越大，说明企业的盈利能力和资金管理能力越强。因此，经营者必须对企业现金流与总资产的占比有着正确的计算与认识，从而确定企业融资的金额范围和用途，以此对融资进行合理布局。

（1）现金流所占总资产比例为80%以上。说明企业运营状况良好，或者盈利能力较强，或者融资能力较强（前提是企业具有价值），或者两者兼具。企业可以在投资者仍感兴趣，并且企业后续仍需要大量资金发展的情况下，及时进行融资，以得到更多的资金。融资金额为企业18个月的运营成本较为合适。发达国家的企业运营成本等于员工薪资乘以2，我国的企业运营成本等于员工薪资乘以10。例如，一家中国企业在18个月的时间里员工薪资为50万元，那么这个阶段该企业的运营成本就是500万元，融资金额略大于500万元即可。

（2）现金流所占总资产比例为50%~80%。说明企业运转状况合格，但也应在此时及时制订融资计划，以促进自身不间断的良性发展。融资金额应大幅高于企业18个月的运营成本，仍以一家中国企业18个月的员工薪资50万元为例，该企业的融资金额应该在800万~1000万元。

（3）现金流所占总资产比例为30%~50%。说明企业能够维持正常运转，但现金流的危机已经出现了。值得注意的是，很多这种情况下的企业经营者对现金流危机全然无知，尤其是那些业绩始终在增长的企业，虽然现金流占比节节下降，却仍然非常乐观，认为企业处于上升期。其实，认为企业处于上升期，这并不是假的，但已经显露的危机可能随时会将企业拉入深渊。因此，这种资金状况的企业，进行融资已经是迫在眉睫了，且融资的金额要远远大于企业18个月的运营成本，仍以一家中国企业18个月的员工薪资50万元为例，该企业的融资金额应该在1200万～1500万元。

（4）现金流所占总资产比例为30%以下。企业勉强能够维持正常运转，但现金流的压力已经爆发出来了，仅存的资金可能随时会被吸干。此时进行融资，对于企业而言，其实已经晚了，但现实中多数企业都是在感觉到缺钱了，才想起来去找投资，这些企业往往还在辛苦找资金的路上时，企业就会倒下。而且，越是在缺钱的情况下，企业越不容易获得投资或者得到的资金严重不够，因为投资者也不是傻子，都希望投出的资金能有回报，而不是帮助别人填窟窿。所以，就不讨论这种情况下企业应该融到多少资金了，因为现实中很难达到理想的数额。

通过以上详细阐述可以看出，企业应该在何种情况下去寻找投资。经济学家彼得·德鲁克说："企业应当把现金流看作企业生存的命脉，而不仅仅是一个财务指标。"强调了现金流在企业管理中的核心地位。当企业面临现金流压力时，如何合理利用融资策略来缓解这种压力，就显得尤为重要。

别等到资金短缺时再找投资

持续而稳定的投资是企业健康发展的重要保障。然而，许多企业在面临资金压力时，才匆忙寻求投资，这种做法不仅增加了融资的难度，还可能错失发展的良机。

很多经营者可能会问：缺钱了，就去找钱，没有问题啊。不缺钱的话，去找钱干什么呢？缺钱了就去找钱，看起来确实没有问题，但问题往往就出在缺钱了才去找钱的过程中和所产生的结果中。

等到资金短缺时再寻找投资，往往意味着企业已经错失了市场发展的先机，或者在寻找投资的过程中因为缺钱而丧失优先发展机会。在竞争激烈的市场中，早一步获得资金就意味着能获得更多的市场份额和用户资源。

并且在资金紧张时寻求投资，可能会使企业陷入更高的财务风险。而提前进行投资规划，可以使企业有更多的时间和空间来评估风险和机会，从而做出更为稳健的融资决策。

更重要的是，在缺钱的时候寻找投资，企业经营者的心态不会很好，会非常急切，极有可能让投资者掌握了投融资过程的主动权。现实情况中不少投资者就是在企业非常缺钱的迫切情况下，以少量资金获得了企业的大量股权，进而威胁甚至直接取代企业创始人/创始团队的控制权。

虽说"亡羊补牢，犹未晚也"，但羊也确实真的丢失了，损失已经产生了。因此，需要在晴天时修补屋顶，在资金充足时进行融资，企业才能确保各项业务的顺利推进，实现可持续增长。

成功的企业总是提前寻找投资，而不是等到需要资金时才开始寻找。因此，企业应该时刻保持对未来的敏锐洞察，并通过及时获得投资来把握未来的机遇。那么，企业应如何避免等到缺钱了再寻求投资呢？我们给出如下几个建议。

（1）制定清晰的经营规划。企业应明确自身的经营目标和方向，制定长期和短期的经营规划，这有助于企业在资金充足时，及时把握发展机会，避免等到资金短缺时再面临生死抉择。

（2）加强财务管理和风险控制。企业应建立完善的财务管理体系，实时监控资金状况，确保资金的安全和有效利用。同时，企业还应加强风险控制，避免盲目投资带来的损失。

（3）拓宽融资渠道，多元化融资方式。企业应积极拓宽融资渠道，通过股权融资、债券融资、银行贷款等多种方式筹集资金。这既可以为企业提供更多的资金来源，也有助于降低融资成本，优化资本结构。

（4）加强与投资者的沟通和合作。企业应积极与投资者保持良好的沟通和合作关系，及时向投资者传递企业的经营状况和未来发展计划。这有助于增强投资者对企业的信心和支持，为企业的投资决策提供更多保障。

总之，企业应充分认识到提前寻找投资的重要性，避免等到资金短缺时再寻求投资。同时，企业还应时刻关注市场变化和行业趋势，保持前瞻性的战略眼光，及时调整投资策略和方向。只有这样，企业才能更好地把握市场机遇，实现持续健康发展。

被错误理解的"低成本扩张"

低成本扩张是极具诱惑力的概念，通常被理解为以较低的成本快速扩张企业规模，实现市场份额的增长。这对于那些口袋里没有多少钱的企业，对于那些既追求效益又追求省钱的企业，对于那些能量不大但目标远大的企业，有着非同一般的意义。所以，低成本扩张在经营领域的提及率非常高，经营者们都想掌握其中的奥秘。

"低成本扩张"之所以被热捧，就在于"低"与"高"的对立统一上。企业经营者都知道开源节流的道理，盈利不易，获得投资更不易，企业融资得到的钱应该尽可能地省着花，如果真的有可以帮助企业以低投入实现高产出的方法，自然不能放过。但现实是，"低成本扩张"正在被错误理解，很多企业经营者忽略了低成本扩张背后的风险和挑战，在根本就搞不清楚什么是"低成本扩张"的情况下，只是简单地以为低成本就是低投入，就盲目地开启了"低成本扩张"模式。这种不知道怎样才能系统规划和具体达成的错误的"低成本扩张"必将给企业经营带来极大危害。

从根源上讲，"低成本扩张"是一种并购策略，即在少付并购成本的情况下，获得目标企业的控制权，从而实现经营规模扩大的发展战略。

资本规划则误将企业实现"低成本扩张"当作一种战略形式，认为企业管理层通过资本规划实现资产调整，进而实现"低成本扩张"。其实，企业实现"低成本扩张"战略是相对概念，与总资产无关。例如，别人或自己以前1万元才能做成的事，现在投入7000元就做成了；再如，同样资金投入的情况下，别人或自己以前需动用50人，花费50天才能做成的事，现在仅需要30人，花费25天就做到了。

由此可知，"低成本扩张"不是以企业各方面投入的绝对值，而是以最终的投入产出比作为衡量标准的。因此，低成本不仅仅是降低成本，不是在择定某条途径后仅确保最低投入，也不是谁投入少就选择谁来代替绩效的位置，而是要在保证质量和效率的前提下实现规模的扩张。否则，"低成本扩张"将会带来产品质量下降、服务质量减弱、用户满意度降低等一系列负面问题，最终导致企业竞争力的下降。

正因如此，企业经营者在思考如何进行"低成本扩张"时，必须做到六个确保。

（1）确保适合企业的、可行的绩效目标。

（2）确保成本的统一性，不能将应投入成本转移到其他企业或用户身上。

（3）确保充分考虑短期的直接成本和长期的间接成本之间的关系。

（4）确保设计出足够达成绩效的战略措施和战术途径，并充分整合外部资源为己所用。

（5）确保对投入的审视和调整，让优选的低成本措施和途径最优化。

（6）确保执行到位和执行中不发生偏差及浪费。

即便做到了以上这些，企业经营者还应思考如何采取相应措施让"低成本扩张"的效果持续化、积累化、扩大化，并付诸实施。下面，让我们以案例的形式对企业进行低成本扩张的正确打开方式进行总结：

案例1——"低成本扩张"需要底线保障

某公司原本两个月的营销推广费用预算是 45 万元，但在市场部经理找董事长批费用时，却被"我们的产品还是有竞争力"的原因缩减到了 20 万元。市场部经理立即表示，45 万元是经过精确预算得出的，是企业营销的保障费用，且即便有缩减，也不能有如此大的降幅，如此一来企业营销将受到严重影响。经过了一段节衣缩食的营销后，确实效果远不如从前，只得再次将营销推广费用确定为 45 万元，后来为了修正前期的推广不力，又追加了 5 万元。

案例 2——"低成本扩张"需要效果累计

某楼盘发布了两则报纸广告，效果非常好，售楼部车水马龙。于是，该楼盘的企业负责人认为广告效果已经达到，决定将计划投入的几则广告暂时停下。后来售楼部逐渐由门庭若市变成了门可罗雀，这时才想起来继续投放广告，但效果已经大不如前了。无奈，该楼盘只得加大广告投入，重新累积效果。

案例 3——"低成本扩张"需要资源集中

某酒厂给渠道商的促销品和给消费者的赠品，都是什么便宜就选什么，完全忽略了某样促销品、赠品，相对竞争对手的东西是否具有差异性和竞争力，以及是否与自己的产品具有关联性等衡量要素。实际情况是，1 个 10 块钱的东西所产生的效果一定会高于 10 个 1 块钱的东西，因此要用单次较高投入取代多次低投入。

案例 4——"低成本扩张"需要单次投入效果最大化

某销售公司在设计促销活动时，方案经过数次更改，员工们颇下苦心，最终制订出了非常不错的方案。但到具体执行时，除了在已经人流量很少的商超卖场进行海报投入之外，连一次 DM、找一个流量网红带货和电视字幕广告都舍不得上。这种重创意轻配合执行的，确实做到了低成本，但想扩张就永远是梦了。

通过上述案例可以很明确地看到，企业在扩张过程中，应该注重提高产品质量和服务水平,而不是简单地追求降低成本。只有在保证质量的前提下,才能实现真正的扩张和可持续发展。

《从优秀到卓越》一书的作者吉姆·柯林斯强调,企业在扩张过程中应该保持"飞轮效应",即通过不断提高产品质量、服务水平和运营效率,形成良性循环,从而实现持续的扩张和增长。

融资让债务低于现金流

在现代企业的运营中,资金流管理无疑是关系到企业生死存亡的重要环节。尤其是当企业面临债务压力时,如何巧妙运用融资策略使债务水平保持在现金流之下,更是考验企业家智慧和经营能力的重要课题。本节将从理论和实践两个层面,探讨如何通过有效的融资管理实现债务与现金流之间的平衡。

融资作为企业获得资金的主要渠道,对于企业的运营和发展具有重要意义。当企业面临债务压力时,融资成为解决债务问题的重要手段。一方面,通过融资可以引入外部资金,解决企业的短期资金缺口,保证企业的正常运营;另一方面,通过融资可以优化企业的资本结构,降低财务成本,提高资金利用效率。因此,融资策略的制定需要综合考虑企业的实际情况、市场环境和未来发展需求,以确保债务水平始终低于企业的现金流。

《管理的实践》一书中有句话:"融资不是简单地借钱,而是要根据企业的长远目标和战略需求,有目的地选择和运用不同的融资工具。"一个健康的企业应该拥有足够的现金流来支持其运营和发展,而债务则应该被视为一种"负债",需要谨慎对待。这一观点为企业家在处理债务和现金流关系时提供了有益的参考。

某全球知名的科技公司,主要从事电子产品研发、生产和销售。该公司凭借其独特的商业模式和创新的产品，在短短几年内迅速崛起。然而，随着业务的快速扩张，企业面临的资金压力也日益增大。为了保持快速发展，并优化财务结构，该企业积极寻求外部融资，且该公司一直秉持着"让债务低于现金流"的融资原则，最终实现了可持续发展。

以下是该公司融资战略的几个关键点。

（1）精准把握市场机遇。该公司非常重视市场动态，并及时捕捉市场机遇。在市场前景看好的情况下，公司会积极融资，扩大生产规模，抢占市场份额。而在市场疲软时，公司则会保守经营，控制债务规模，确保现金流稳定。

（2）多元化融资渠道。为了降低融资成本，该公司积极拓宽融资渠道，包括银行贷款、债券发行、股权融资等。通过多元化融资渠道，公司能够在不同的市场环境下，灵活筹集资金，满足业务发展需求。

（3）严格控制负债率。该公司深知负债率过高带来的风险，因此始终将负债率控制在合理范围内。在融资过程中，公司会充分评估项目的盈利能力和风险，以确保债务水平处于可控状态。

（4）积极应对财务风险。该公司认识到财务风险的存在时，会积极采取措施应对。例如，通过购买商业保险、开展衍生品交易等方式，对冲市场波动带来的风险。

从这家国外企业的案例中可以看到，企业的融资策略直接关系到其资本结构和债务水平。合理的融资策略不仅要考虑融资成本，更要考虑如何通过融资活动来优化企业的财务状况，从而确保企业的稳定运营和持续发展。这要求企业在进行融资决策时，必须充分考虑自身的现金流状况、未来的盈利预期以及市场环境等因素。同时，实施有效的融资策略，需要企业在实际操作中注重风险控制，重点包括以下几个方面。

（1）精确预测与规划现金流。企业需要建立完善的现金流预测体系，准确预测未来的现金流流入和流出情况。通过现金流规划，企业可以合理安排融资时间和规模,确保在债务到期前有足够的现金流进行偿还。

（2）优化融资结构。企业应根据自身的经营特点和市场环境,选择最合适的融资方式。例如,对于长期稳定的资金需求,企业可以考虑发行长期债券或进行股权融资；对于短期资金缺口,企业可以选择银行贷款或商业信用等短期融资方式。通过优化融资结构,企业可以降低融资成本,提高债务偿付能力。

（3）寻求外部支持与合作。在融资过程中,企业可以积极寻求外部支持和合作。例如,与金融机构建立长期稳定的合作关系,获取更加优惠的融资条件；与供应商和用户建立良好的商业信用关系,获取更多的商业信用支持等。

融资管理作为企业财务管理的重要组成部分,对于保持企业债务与现金流之间的平衡具有重要意义。通过制定合理的融资策略、运用多种融资工具以及加强风险控制等措施,企业可以在确保资金安全的基础上实现持续稳健的发展。在未来的市场竞争中,那些能够灵活运用融资策略的企业必将占据更加有利的地位。

本节仅从一般角度探讨了融资策略与债务管理的关系及其在实际操作中的应用。由于不同企业的实际情况和市场环境各不相同,因此,企业在制定具体融资策略时,还须结合自身实际情况进行深入研究和分析。

支持长期项目和发展计划

在现代经济社会中,企业的长期项目和发展计划往往依赖于稳定的资金来源。融资作为企业发展的重要手段之一,既可以帮助企业解决短期资金困境,也能为企业的长远发展提供坚实的资金基础。

融资是企业筹集资金的过程,通过不同的融资渠道和方式,企业可以获得所需的资金，进而推动其长期项目的实施。长期项目通常需要大量的资金投入，并且回报周期较长，因此稳定的资金来源对项目的成功与否至关重要。融资不仅为项目提供资金支持，还可以提升企业的信誉度，吸引更多的合作伙伴，为项目的顺利推进创造有利条件。

但很多企业在致力于发展的过程中，并未将融资作为一项主要的工作任务，导致企业在急需资金支撑项目时，无法快速找到资金，致使项目计划流产，也让企业发展严重受阻。

在国内众多新兴企业中，有一家名为"阳光先锋"的光伏技术公司，就是因未能成功引入外部投资，导致一项具有划时代意义的长远发展计划受阻。

"阳光先锋"成立后，一直致力于光伏技术的研发与创新，希望通过自主研发降低太阳能发电成本，提高转换效率。公司拥有一支由行业顶尖专家组成的研发团队，并已经取得了一系列重要的技术突破。然而，因为前期未进行融资，导致后期资金短缺，公司无法将这些技术迅速转化为实际产品并推向市场。

面对资金困境，公司计划通过加速引入外部投资来推动生产线的扩建和技术的进一步研发。但遗憾的是，由于市场变化及投资者对公司前景的疑虑，多轮融资尝试均以失败告终。没有了资金的支持，公司不仅无法扩大生产规模以满足市场需求，更难以保持技术研发的连续性。

这一困境使得"阳光先锋"错失了宝贵的发展机会，其竞争对手则借此机会迅速扩大市场份额。"阳光先锋"从高速发展迅速下坠为举步维艰，不得不重新考虑其长远发展战略。

通过对"阳光先锋"的解读，可以看到融资对企业的长期发展具有深远的意义。首先，融资可以为企业提供更多的投资机会，推动企业的规模扩张和技术升级；其次，融资有助于企业优化财务结构，提高资金的使用效率；最后，融资还能增强企业的抗风险能力，为企业在市场竞争中提供有力的支持。

一些企业从确立长期发展项目后，就立即着手准备引入投资，这个过程中很可能也会历经波折，但因为不断尝试，逐渐积累了经验，最终会在企业缺钱危机爆发之前获得投资。

以国内某知名电动汽车制造企业为例，该企业从创立伊始，就将融资作为一项重要工作。通过多轮股权融资和债务融资，成功吸引了众多国内外投资者的关注和支持。随着资金的注入，该企业不仅加快了新能源汽车的研发和生产速度，还积极布局充电基础设施和智能出行服务领域，进一步拓展了其业务边界。同时，企业还利用融资资金加强了品牌建设和市场推广，提升了其在国内外市场的竞争力。

在融资过程中，该企业充分考虑了自身的经营状况和市场需求，选择了合适的融资方式和融资渠道，确保了资金的稳定性和可持续性。此外，企业还注重与投资者的沟通和合作，积极回应市场关切，树立了良好的企业形象。

通过对国内某知名电动汽车制造企业融资案例的分析，可以看到融资对企业长期项目和发展计划的重要支持作用。企业在融资过程中应根据自身实际情况和市场需求选择合适的融资方式，以确保资金的稳定性和可持续性。同时，企业还应加强与投资者的沟通和合作，树立良好的企业形象，为企业的长期发展创造有利条件。

在未来的发展中，企业应继续深化融资策略的研究和实践，不断提升自身的融资能力和资金管理水平。同时，政府和社会各界也应为企业融资提供更多的支持和帮助，共同推动企业的长期项目和发展计划取得更加丰硕的成果。

第二章
基本面分析：最有利获得投资的市场机会

在探索投资市场的过程中，我们始终在追寻那些最具潜力和优势的机会。它们可能隐藏在快速增长的新兴产业中，也可能孕育在转型升级的传统行业里。无论是科技创新、绿色能源，还是消费升级，每个市场机会都蕴含着独特的成长潜力。本章将深入探讨，如何识别、评估并把握这些有利的市场机会，为企业揭示未来的财富增长点。

围绕五大问题深入了解企业

在现代商业环境中，企业为了获得投资，需要展示其独特的价值和潜力。投资者在决定投资某个企业时，会对其进行全面而深入的评估。而了解企业不仅是一个持续的过程，更是一个多维度的探索。本节将从如下五个方面深入剖析企业的内在逻辑和发展脉络。这五大问题，也构成了投资者对企业进行全面了解的基础框架。

1. 企业目前所处阶段

了解企业所处的阶段对于判断其未来发展潜力和制定相应策略至关重要。企业的发展阶段通常可以分为初创期、成长期、成熟期和转型期。

（1）初创期：企业刚成立不久，产品或服务刚进入市场，企业面临的最大问题是市场认可度和资金压力，因此该阶段的企业通常需要大量的资金投入和市场培育。

（2）成长期：企业产品或服务开始获得市场认可，销售额和利润快速增长，企业需要解决的是规模扩张和市场竞争，因此会面临资金和资源紧张的问题。

（3）成熟期：企业市场地位稳固，销售额和利润相对稳定，此时应注重品牌建设和维护，以及寻找新的增长点。

（4）转型期：也称为"衰退期"，企业会面对市场份额流失和业务创新的竞争压力，因此需要进行战略转型或业务创新，以适应新的市场环境。

对于投资者而言，须根据企业所处的发展阶段，分析其面临的问题和挑战，以及是否具备克服这些问题的能力和潜力。同时，不同发展阶段的企业也意味着不同的投资风险和回报潜力。对于初创期企业，投资风险较高，但潜在收益也较大；成长期企业具有较高的发展潜力，但需要关注其市场竞争地位；成熟期企业风险较低，但收益相对有限；转型期企业风险较大，投资需谨慎。

正因如此，企业需要清晰地描述自己的发展阶段，以便投资者能够准确评估投资风险与回报。

2. 企业的盈利模式

了解企业的盈利模式，就是要了解它是如何通过提供产品或服务来获得收入的，以及这些收入是如何转化为利润的。可以通过以下几点进行分析。

（1）产品或服务定价策略：企业如何定价，是基于成本加成、市场竞争还是用户价值？

（2）成本结构：企业的成本如何构成，固定成本、变动成本以及边际成本分别是多少？

（3）收入来源：企业的收入是否多元化，是否过于依赖某一产品或服务？

（4）利润率：企业的利润率如何，是否有足够的盈利能力来支持其未来的发展？

盈利模式是投资者最为关心的问题之一，投资者可通过分析企业的财务报表、盈利预测和行业地位，来评估企业的盈利能力。企业需要展示其如何通过提供产品或服务获得收入，并转化为利润，因为投资者希望看到的是稳定且可持续的盈利模式，因此企业必须说明如何在激烈的市场竞争中保持盈利能力，以增强投资者的信心（见图2-1）。

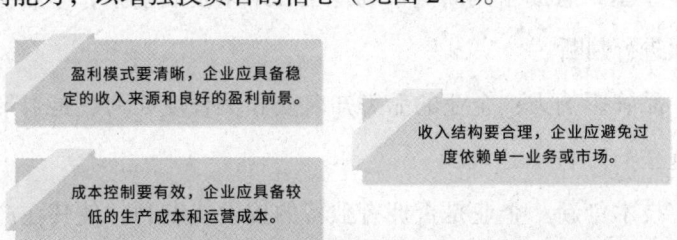

盈利模式要清晰，企业应具备稳定的收入来源和良好的盈利前景。

收入结构要合理，企业应避免过度依赖单一业务或市场。

成本控制要有效，企业应具备较低的生产成本和运营成本。

图2-1 投资者关注企业的盈利模式、收入结构和成本控制

3. 企业面对的核心目标群体

企业的核心目标群体是其产品或服务的主要购买者。了解这些群体的特征、需求和偏好，有助于企业更好地理解自身市场定位和发展策略，以及市场潜力和盈利空间。企业目标群体可分为消费者、企业客户和政府机构。

了解企业的核心目标群体，是投资者评估其市场前景的重要一步。投资者通常会关注以下几个方面。

（1）目标群体的规模和增长潜力：市场规模越大，潜在用户越多，企业盈利空间越大。

（2）目标群体的需求和痛点：企业产品或服务是否能满足目标群体的需求，解决其痛点。

（3）目标群体的竞争格局：了解目标群体中的竞争对手，分析企业在市场竞争中的地位，判断企业的发展前景。

正因如此，企业需要清晰描述其目标群体的特征、需求和购买行为。通过市场研究和数据分析，企业可以展示其对市场趋势的敏锐洞察，以及如何满足目标群体的需求。这既可以增强投资者的信心，还有助于企业制定更有效的市场营销策略。

4. 企业是否具有竞争壁垒

竞争壁垒是企业能够保持竞争优势并防止潜在竞争者进入市场的关键因素，通常包括品牌壁垒、技术壁垒、市场壁垒、监管壁垒。企业了解自己的竞争壁垒，有助于判断其市场地位和未来发展前景；一般会通过以下四个方面进行判断。

（1）品牌影响力：企业的品牌知名度和美誉度如何，是否形成了强大的品牌壁垒？

（2）技术创新：企业是否拥有独特的技术或专利，使其在产品或服务上具有明显优势？

（3）渠道优势：企业是否建立了广泛的销售网络或合作伙伴关系，以控制市场份额？

（4）成本优势：企业是否通过规模效应、供应链管理等方式实现了成本领先？

投资者喜欢看到企业在某个领域具有独特的优势，因为这意味着更高的市场占有率和更好的盈利能力。因此，企业需要详细阐述其竞争壁垒的形成原因和可持续性，以便投资者能够评估其竞争优势。

5. 企业运营过程中面临哪些风险

任何企业在运营过程中都会面临各种风险。了解这些风险及其应对措施，可以更好地评估企业的稳健性和抗风险能力。

（1）市场风险：市场需求、竞争格局和行业趋势变化等因素对企业盈利的影响。

（2）技术风险：技术创新、技术迭代、技术断代等对企业竞争力的影响。

（3）财务风险：负债水平、现金流状态和盈利稳定性等对企业运营造成的冲击。

（4）人才风险：管理团队、核心人才流失等情况对企业经营的影响。

（5）运营风险：供应链中断、生产安全事故等情况对企业正常运营的影响。

（6）法律风险：合规问题、知识产权纠纷等，会给企业带来不必要的损失。

（7）政策风险：政策调整、监管变化等情况对企业经营的影响。

虽然运营风险是每个企业都会面临的问题，但如何管理和控制这些风险却是投资者关注的焦点。企业需要展示其具备完善的风险管理体系和应对策略，以便在面临挑战时能够迅速应对。此外，企业还应提供有关过去遇到的风险和挑战，以及如何应对的信息，以显示其管理层的经验和能力。

综上所述，通过围绕上述五大问题进行深入分析，可以更加全面地了解一个企业的真实面貌和发展潜力，为投资决策提供更加全面和准确的依据。企业在发展过程中，要时刻关注这些问题，积极应对挑战，不断提升自身竞争力，只有在这些方面做得足够出色，才能吸引投资者的目光，并成功获得投资。

最后，企业经营者需要记住，获得投资只是成功的第一步。为了确保投资的成功和企业的长期发展，企业需要在获得投资后继续保持对以上五个方面的关注和管理。不断优化盈利模式、深化对目标群体的理解、加强竞争壁垒的构建，以及不断完善风险管理体系，这些都是确保企业持续发展和投资回报的关键。

了解市场，通过三个方面为企业做宏观分析

在快速变化的商业环境中，了解市场并掌握其动态是每个企业取得成功的关键。宏观分析作为市场研究的重要组成部分，有助于企业把握市场的整体趋势，从而制订合适的战略和计划，并能在投资者最认可的情况下，获得所需资金。本节将从行业发展的主要驱动因素、市场容量以及市场竞争格局三个方面，深入探讨如何对企业进行有效的宏观分析。

1.行业发展的主要驱动因素

行业发展是企业能否获得盈利的关键基础，也是企业能否获得投资的重要前提。对于身处向上发展期的企业，投资者通常会非常关注；对于处于向下发展期的企业，投资者往往不会费心关注。为了判断企业未来可能的发展走向，也为了更好地打消投资者的疑虑，企业经营者需要借助PEST模型了解行业发展的主要驱动因素（见图2-2）。

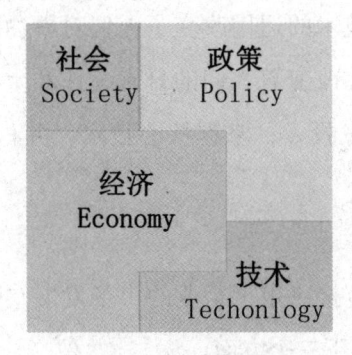

第二章 基本面分析：最有利获得投资的市场机会

图2-2 PEST模型

（1）政策因素。政策因素是影响行业发展的重要力量。因此，企业在进行宏观分析时，要密切关注与自身行业相关的政策动态，以便及时调整战略。例如，环保政策的加强可能会推动清洁能源行业的发展，而金融政策的调整则可能影响房地产市场的走势。在政府鼓励发展的行业，企业可以加大投入，抓住发展机遇；反之，则需谨慎投资，避免陷入政策风险。

（2）经济因素。经济因素是推动行业发展的另一个关键因素，经济发展水平、宏观经济政策、经济周期等都会对行业产生影响。企业需要关注宏观经济数据，如GDP、经济增长率、通货膨胀率、利率、汇率等经济指标的变化，评估经济环境对行业的影响。例如，经济增长率的提高可能会增加消费者的购买力，从而带动消费品行业的增长。企业应时刻关注宏观经济数据，分析经济周期和行业发展趋势，为经营决策提供数据支持。

（3）社会因素。社会因素如人口结构、文化背景、社会需求、消费观念等也会对行业发展产生影响。例如，人口老龄化的趋势可能会推动医疗保健行业的发展，而消费观念的转变则可能促进新兴消费市场的形成。企业应通过市场调研，了解目标市场的社会特征，以便更好地把握消费者心理，调整产品策略，以满足市场需求。

（4）技术发展因素。技术进步是推动行业变革的重要力量，新的科技应用往往能带来行业的颠覆性创新。在数字时代，以云计算、大数据、物联网、人工智能、区块链等为代表的新技术，正在对很多行业产生颠覆性影响。例如，大数据技术的运用改变了人们对事物的常规分析方式，而人工智能技术的普及正在改变着人们的日常工作和生活方式。企业应关注科技发展趋势，加大研发投入，掌握核心技术，并积极引进和应用新技术，以提升自身竞争力。

2.市场容量

市场容量的大小直接决定了企业的市场发展空间。在进行市场容量分析时，企业需要考虑以下三个方面。

（1）需求分析。企业需要评估目标市场的需求规模，分析消费者对产品的需求程度。通过调查、研究、收集和分析相关数据，估算市场容量。

（2）供给分析。企业需要了解市场供应情况，包括竞争对手的数量、产能、产品特点等。通过供给分析，企业可以了解市场供需平衡状况，判断市场容量是否足够大。

（3）成长性分析。企业需要评估市场的成长性，包括市场规模、增长速度、市场份额等。市场容量越大，成长性越高，企业的发展空间就越广阔。

通过综合分析这些因素，企业可以评估市场的整体规模和潜在增长空间，从而判断市场容量是否足够大，是否足以支持企业的长期发展。

3.市场竞争格局

投融资界有一个非常明确的事实认定——即竞争不会提升企业的价值，过度的竞争反而会降低企业价值。这项认知与很多企业经营者的思维是相左的，在很多融资实战中，不少企业经营者总是强调自己的企业非常具有竞争力，且不惧怕竞争，敢于竞争，甚至敢于同行业巨头竞争。每当他们说出自己的企业如何敢于竞争时，往往意味着他们的融资之路已经被他们自己阻断了。因为在投资者看来，更多的竞争意味着更多的用户选择和更少的盈利机会，投资者当然不愿意为处在激烈竞争中的企业投资。因此，经营者想要了解企业面临的竞争情况会不会吓走投资者，就需要对竞争格局进行分析，这通常包括以下四个方面。

（1）识别主要竞争对手。企业需要了解所处的细分行业内的主要竞争对手的数量、实力、市场份额、产品线、营销策略等，客观评估竞争态势，以帮助企业制定出有针对性的竞争策略。同时，企业还需要关注潜在进入者的数量、实力、意图等，以明确潜在进入者会在多大程度上影响企业的市场份额和盈利能力。此外，企业还应关注自己所处的细分行业内是否存在巨头，成长期的企业应尽可能避免与巨头的业务重合。

（2）分析市场竞争的激烈程度。通过对比分析各竞争对手的优劣势，企业可以判断市场竞争的激烈程度，从而调整自身的竞争策略。对于企业而言，最强的竞争优势就是具有技术壁垒，将潜在竞争对手挡在外面。

（3）预测市场竞争趋势。通过对市场趋势的把握和对竞争对手的动向预测，企业可以提前做好市场布局和战略规划。这就要求企业必须时刻关注替代品的价格、性能、市场份额等，以及替代品会在多大程度上影响企业产品的市场需求。

（4）分析与监控供应商。企业需要了解供应商的数量、实力、议价能力等，以及供应商的议价能力会如何影响企业的成本和盈利水平。

总之，通过对行业发展的主要驱动因素、市场容量以及市场竞争格局的综合分析，企业可以更加全面地了解市场，为自身的发展提供有力的支撑。在未来的市场竞争中，只有不断深入了解市场、把握市场动态的企业，才能实现持续稳健的发展，也才能获得投资者的关注。

高成长性行业：有利于投资者寻求高回报

在任何时代，投资者最先关注的，永远是那些具备高成长潜力的行业，因为这些行业往往能够带来超出预期的回报。

著名投资家彼得·林奇曾表示:"投资的成功不在于你是否能够预测市场的短期波动,而在于你是否能够把握长期增长的大趋势。"这一观点深刻揭示了投资者在高成长性行业中寻求高回报的关键所在——即把握行业发展的长期趋势。

所谓高成长性行业,通常指的是那些具有广阔市场前景、快速增长潜力以及持续创新能力的行业。这些行业通常会因科技进步、消费升级或政策红利等因素,迅速崛起并吸引大量资本关注,如新能源、人工智能、生物科技等领域。高成长性行业的典型特征包括高增长率、高利润率、高市场占有率和强大的创新能力。

位于高成长性行业内的企业,通常处于生命周期的早期阶段,如新兴技术、清洁能源、人工智能等。这些企业伴随行业增长的红利,得以增长迅速,很有可能创造新的商业模式和市场机会。因此,对于寻求高回报的投资者会非常关注高成长性行业的投资价值,其价值通常包括三个方面。

(1)高回报潜力:高成长性行业由于其快速增长的特点,往往能够为投资者带来高额的回报。这种回报不仅体现在股价上涨带来的资本增值,还包括企业通过不断创新、扩大市场份额所实现的利润增长。

(2)抵御经济周期:相对于传统行业,高成长性行业往往能够更好地抵御经济周期的波动。在经济低迷时期,这些行业往往能够通过提供新颖的产品或服务,满足消费者日益增长的需求,从而实现逆市增长。

(3)驱动经济增长:高成长性行业不仅是资本追逐的热点,也是推动经济增长的重要动力。这些行业的发展不仅能够创造大量就业机会,还能带动相关产业的繁荣,为整个经济体系注入活力。

世界级投资大师沃伦·巴菲特强调:"投资的本质是找到那些能够持续创造价值的优质企业。"这一观点提醒着投资者,在投资高成长性行业时,不仅要关注行业的整体发展趋势,还要深入挖掘那些具备持续创新能力和强大市场竞争力的优质企业。

第二章 基本面分析：最有利获得投资的市场机会

对于希望获得投资的企业而言，身处高成长性行业意味着拥有更多的市场机会和发展空间。例如，随着全球对可持续发展的日益重视，新能源行业的企业可以通过融资扩大生产规模、提升技术水平，从而抢占市场份额。然而，高成长性行业也伴随着激烈的竞争和快速变化的市场环境，这对企业的管理能力、创新能力和市场敏感度提出了更高的要求。

以一家新能源汽车行业的初创企业为例，该企业通过融资实现了快速的发展。在初创阶段，企业面临着资金紧张、技术瓶颈和市场开拓等多重挑战。为了解决这些问题，企业积极寻求外部融资，通过风险投资、股权融资、债权融资、政府基金等方式筹集到了必要的资金。这些资金为企业的研发创新、生产线建设和市场推广提供了有力支持。

在融资过程中，企业不仅获得了资金支持，还通过与投资者的深入交流，获得了宝贵的市场信息和战略建议。这些信息和建议能够帮助企业更好地把握市场需求和行业动态，为企业的长远发展奠定坚实的基础。

然而，随着市场的不断变化和竞争的加剧，该企业也面临着新的挑战。为了保持竞争优势和持续增长，企业不断加强技术创新和产品研发，同时积极拓宽销售渠道和合作伙伴网络。通过不断提升自身实力和市场竞争力，企业在新能源汽车行业中脱颖而出，实现了快速的发展。

这个案例充分说明了融资企业在高成长性行业中的机遇与挑战。一方面，高成长性行业为融资企业提供了广阔的发展空间和市场机遇；另一方面，快速变化的市场环境和激烈的竞争，要求企业不断提升自身实力和管理水平。

投资者在选择高成长性行业时，需要深入研究行业的发展趋势、政策环境以及市场需求等因素，并且会关注企业的基本情况，包括财务状况、市场份额、创新能力以及管理团队等。只有那些具备强大竞争力和持续增长潜力的企业，才能为投资者带来长期的高回报。因此，为了在高成长性行业中实现持续发展，融资企业需要制定合适的发展策略。

首先，企业需要明确自身的市场定位和发展目标，以便更好地把握市场机遇和应对挑战。

其次，企业需要加强技术创新和产品研发，不断提升自身实力和市场竞争力。

再次，企业需要积极拓宽销售渠道和合作伙伴网络，以便更好地满足市场需求，并实现快速增长。

最后，企业还需要注重财务管理和风险控制，通过建立健全的财务管理体系和风险控制机制，以更好地管理资金和资源，降低经营风险和财务风险。

这些措施不仅有助于保障融资企业的稳健发展，还能为投资者带来更好的回报。高成长性行业为投资者提供了丰富的机会和潜力巨大的回报空间。然而，融资企业在高成长性行业中既面临着巨大的机遇，也面临着诸多挑战。必须通过制定合适的发展策略、加强技术创新和市场开拓、注重财务管理和风险控制等措施，以更好地把握市场机遇、实现快速发展，并为投资者带来丰厚的回报。

消费升级趋势：能够提供稳定的现金流和利润

随着全球经济的不断发展和消费者需求的日益升级，消费升级趋势已经成为当今市场的重要特征。在这一背景下，那些能够提供稳定现金流和利润的企业，更容易获得投资者的青睐。

消费升级是随着居民收入水平的提升和消费观念的变化，消费者对产品和服务的需求向着更高质量、更个性化、更多元化的方向发展，这一趋势在中国市场尤为明显。

随着经济的发展和居民收入水平的提高，消费升级成为一个必然性的市场趋势。在消费升级的背景下，企业需要不断调整产品和服务策略，以满足市场的新需求，进而实现销售和利润的增长。投资者一定会关注那些能够满足消费者更高需求的产品和服务，如高端消费品、个性化定制、健康养生等。

在这样的市场背景下，那些能够把握住消费升级趋势的企业，将更有可能获得稳定的现金流和利润增长，从而吸引投资者的青睐。

首先，消费升级趋势能够带来稳定的现金流。随着消费者对于产品和服务的需求不断升级，那些能够提供高品质、高性价比的企业将获得更多的市场份额。这些企业通常具有较高的用户忠诚度和品牌影响力，从而能够实现稳定的销售收入和现金流。与此同时，这些企业的库存和应收账款周转速度也相对较快，这就进一步降低了经营风险。

其次，消费升级趋势能够带来利润增长。随着消费者对于产品和服务的需求不断升级，那些能够提供高品质、高性价比的企业将实现价格提升和成本控制的双重优势。一方面，这些企业可以通过提升产品品质和品牌形象来提高产品价格，从而实现利润增长；另一方面，这些企业还可以通过规模效应、供应链优化等手段来降低成本，进一步提高利润水平。

正因上述两项因素，消费升级趋势必然能带来投资者的青睐。投资者通常对于那些具有长期增长潜力的企业产生浓厚的兴趣，而把握住消费升级趋势的企业正好符合这一要求。这些企业不仅能够在短期内实现现金流和利润的增长，还能够在长期内持续保持竞争优势，为投资者带来稳定的回报。因此，把握住消费升级趋势的企业往往更能够吸引投资者的关注和资金投入。

当然，要想真正把握住消费升级趋势，企业需要具备一系列的竞争优势。企业需要具备强大的研发和创新能力，不断推出符合消费者需求的新产品和服务。不仅如此，企业还需要具备高效的运营和管理能力，以实现规模效应和成本控制。在此基础上企业也需要具备良好的品牌和营销策略，以提升消费者的认知度和忠诚度。只有具备了这些竞争优势，企业才能够真正把握住消费升级趋势，实现稳定现金流和利润增长。

总之，消费升级趋势对于企业而言是一个重要的市场机会。那些能够把握住这一趋势的企业，将有可能获得稳定的现金流和利润增长，从而吸引投资者的青睐。然而，要想真正把握住这一机会，企业需要具备一系列的竞争优势。在未来的市场竞争中，只有那些能够不断适应和引领消费升级趋势的企业，才能够获得持续的发展和成功。

政策支持领域：降低企业运营风险和市场风险

随着全球经济的不断发展，投资者在选择投资项目时越来越注重企业的运营风险和市场风险。而政府的政策导向对于市场的发展具有重要影响。投资者也会更加关注那些受到政策支持的领域，如新能源、环保产业、高端制造等。这些领域通常能够享受税收优惠、财政补贴等政策支持，这些有助于降低企业的运营成本和市场风险。

对于企业而言，如何在激烈的市场竞争中降低运营风险和市场风险，抓住政策支持的市场机会，成为获取投资者青睐的关键。本节将从以下五个方面阐述政策支持领域如何降低企业运营风险和市场风险，从而有利于获得投资者的青睐。

1. 政策支持为企业提供稳定的发展环境

政策支持是政府在一定时期内对特定行业或领域采取的扶持措施，包括税收优惠、资金补贴、土地政策等。政策支持为企业提供了稳定的发展环境，降低了企业的运营风险。在政策支持的领域，企业可以更好地规划发展战略，抓住市场机遇，提高市场份额。同时，政策支持也有利于企业降低成本，提高盈利能力，进一步降低市场风险。

2. 政策支持有助于企业创新和技术升级

在政策支持的行业，政府通常会鼓励企业进行创新和技术升级，以提高行业整体竞争力。政策支持为企业提供了研发资金、人才引进、技术创新等方面的支持，有助于企业降低研发风险。企业在创新和技术升级过程中，可以更好地应对市场变化，提高产品质量和性能，满足消费者需求，进而提高市场份额，吸引投资者关注。

3. 政策支持有助于企业拓展市场和提高竞争力

政策支持通常会在市场拓展、国际合作等方面给予企业扶持。在政策支持的领域，企业可以更好地利用国内外市场资源，提高产品知名度和品牌影响力。此外，政策支持还有助于企业提高产业链上下游的协同效应，优化供应链管理，降低运营成本。这些因素都有助于企业提高竞争力，降低市场风险，吸引投资者的青睐。

4. 政策支持有助于企业履行社会责任，提高企业形象

在政策支持的领域，政府通常会要求企业在发展过程中关注社会责任，实现可持续发展。企业履行社会责任，不仅有助于提高企业形象，还能为企业带来良好的口碑和用户忠诚度。在投资者眼中，具有良好社会责任感的企业的市场风险相对较低，更值得信赖。因此，政策支持有助于企业降低经营风险，提高投资价值。

5. 政策支持有助于企业应对外部风险

在全球经济一体化的背景下，企业面临的外部风险日益增加。政策支持可以帮助企业应对这些外部风险，降低市场不确定性。例如，政府可以通过贸易政策、外交手段等为企业争取有利的外部环境，降低企业运营风险。在政策支持的领域，企业可以更好地应对国际贸易保护主义、地缘政治风险等，从而降低市场风险。

总而言之，企业在政策的支持下，可以在发展战略、创新和技术升级、拓展市场、履行社会责任、应对外部风险等方面发挥优势。这些优势将有

助于企业提高投资价值,吸引投资者的关注,为企业的持续发展提供强大动力。企业应充分把握政策支持带来的机遇,努力降低运营风险和市场风险,以赢得投资者的青睐。

第三章
企业背景分析：什么样的企业能获得千万投资

在激烈竞争的商业世界中，何种企业能赢得千万级投资者的目光？这不仅是对经营者智慧的考验，更是对市场洞察力和商业模式的全面考量。那些能够吸引巨额投资的企业，往往具备独特的创新能力、清晰的市场定位、稳健的商业模式以及高效的执行团队。它们能够捕捉到市场的脉搏，能够提供满足消费者需求的产品或服务，并在激烈的竞争中脱颖而出。

优化商业模式：保证盈利有优势

在当今的商业环境中，获得千万级别的投资并非易事。那么，什么样的企业能够吸引投资者的目光呢？答案很明确：那些能够优化商业模式并确保盈利优势的企业。

商业模式是指企业创造价值、传递价值和获取价值的基本方式。一个优秀的商业模式不仅要考虑如何提供有价值的产品或服务，还要考虑如何高效地组织生产、如何进行市场推广、如何与用户建立长期关系等因素。

优化商业模式意味着要不断地审视和调整企业的运营方式，以降低成本、提高效率、增强用户体验，最终实现盈利增长。只有商业模式健康且高效的企业，才能吸引投资者的目光。

那么，何为健康且高效的商业模式呢？通过多年对中外数千家各类企业的详细分析与业务跟踪，人们总结出如下四种商业模式能让企业在未来长期处于健康高效的盈利状态中。

1. 开放型商业模式

适用于能够与外部合作伙伴相互配合，从而让自己的资源及技术发挥更大价值的企业（见表3-1）。处于该模式中的企业可能来自不同的行业和领域，彼此之间看似没有相关性，却能提供更有价值的创意、技术、专利等资源。这种情况下，无疑会缩短一家企业的产品研发时间，提高产品研发效率。而且允许外部组织、企业、团队和个人，使用企业的闲置资源，不仅企业可以增加额外收入，投资者也可以从中获利。

表3-1 开放型商业模式VS封闭型商业模式

	开放型商业模式	封闭型商业模式
人才方面	企业需要和外部人才一起工作	处于本领域的人才为企业工作
研发方面	外部的研发成果可以为企业创造价值，企业内部的研发成果可以为本领域创造价值	为了从研发中获益，企业必须自己设计、生产、销售产品
技术方面	企业无须从头开始工作，而是通过其他企业分享的技术成果即可完成产品的生产	如果企业掌握了领域内最好的技术或专利等资源，就会赢
创意方面	如果企业能充分利用外部资源，就会赢	如果企业创造了领域内最好的创意，就会赢
资源方面	企业通过外部组织使用自己的商业模式来获益	企业需要控制自己的商业模式，避免竞争对手从中获益

通过上述对比可知，在过往的商业时代，封闭型商业模式可以让具备竞争力的企业稳赢。但在如今这个以共享和协作为基本商业条件的时代，开放型商业模式显然更符合企业发展的需要。就像销售畅销药物盈利的葛兰素史克（GSK），在封闭型商业模式的时代，会导致大量药物专利被闲置。而在转型为开放型商业模式后，葛兰素史克将自己研发出的药物专利投放到对外开放的专利池中，让每一位研发人员（不限于企业内部）都有机会参与药物研发，极大地提升了相关药物的研发速度和迭代速度。

2.聚焦型商业模式

在聚焦的逻辑下，企业经营者必须战略性放弃那些不必要的业务，将有限的资源集中，并用于攻克最重要的目标，以此实现企业更高效、更有序的运作。

聚焦型商业模式是一种企业战略选择，强调企业需在特定的市场或产品线中深化专业性，形成竞争优势。此类商业模式的特点是明确的市场定位，深度的产品或服务专业化，以及对目标用户群的高度敏感和适应性。通过集中资源和能力于特定的业务领域，企业可以实现高效运营、产品创新和品牌塑造。

特斯拉（Tesla）就是聚焦型商业模式的典范。特斯拉将主要资源和精力集中在了电动汽车的研发、生产和销售，而不是试图成为一家全方位的汽车制造商。通过垂直整合，特斯拉控制了电动汽车的多个关键领域，包括电池技术、自动驾驶和电动汽车充电基础设施。这种深度专业化的策略使特斯拉在电动汽车市场上获得了显著的竞争优势，吸引了大量的投资和市场份额。

3. 生态闭环型商业模式

海尔董事长张瑞敏认为，商业生态闭环是员工的共同进化。张瑞敏将海尔比作一艘航母并将自己比作海尔这艘航母的设计师，但他却不认为海尔应该永远是一艘巨大的航母，他甚至曾公开说要将海尔这艘航母拆了，重新变成很多小船，让这些小船通过自我驱动去寻找出路，他认为在这个过程中这些小船可以随时组合成一支舰队。这种自行组合就是生态闭环的重要体现，不实现自我驱动就无法实现真正的闭环，也就无法根据市场的变化自由组合。"这才是做企业最难的。"张瑞敏感慨地说。

但在成功打造商业生态的闭环后，企业不仅可以适应不同类型用户的需求，还可以适应快速多变的市场趋势和时代风向，让边际收益递增。更为重要的是，这种商业生态闭环在保持各经营单元高度自主性的同时，还可以无限细化，从而促进部门之间、员工之间、企业内外部之间的协同，最终形成动态的非线性平衡。

4. 共享型商业模式

共享型商业模式从出现伊始，便在循序渐近地改变人们的生活和工作方式，因此颇受资本的青睐，如共享单车、共享充电宝等。共享经济特别容易引爆用户规模，实现产品的迅速推广，因为用户对产品或服务有刚需，又因为共享模式摊薄了使用成本，用户自然愿意"花小钱办大事"。

普华永道曾发布过有关共享经济的调查结果，显示80%的参与者都表示共享经济让他们的生活变得更加便捷、美好。如今，市面上大多数共享

第三章 企业背景分析：什么样的企业能获得千万投资

经济企业保留了产品的所有权，只提供产品使用权给用户来实现盈利。这就要求企业必须维护用户对产品的信任感，如向用户展示企业的综合实力，严格把控产品质量，设立问题处理与解决专业机制，为用户支付与安全保障等关键环节设置配套管理措施等，目的就是为了增强用户对其一二级产品的信任感。

我们说了这么多，不是要求企业一定要按照上述四项进行商业模式优化。毕竟企业在具体经营过程中会面临很多切实的问题，不是简单的一句"优化商业模式"就能达到。而且企业优化各自商业模式（或者其他更符合企业发展或者未来更优秀的商业模式），不应以套现和获得投资为目的，而应该以用户体验为核心，为用户提供优质的产品和服务。企业做好了本职工作，企业才会逐渐向好，高质量发展的企业自然会吸引高质量的资本进入。栽下梧桐树，凤凰自然来。

爱彼迎（Airbnb）是一家获得巨额融资的国外企业。Airbnb成立于2008年，企业提供了一个在线平台，使房东能够将自己的空闲房间或整套房子出租给旅行者，从而为人们创造了一个全新的住宿体验。其商业模式的核心在于将闲置的房源与寻求短期住宿的旅行者连接起来，通过提供便利、个性化和价格合理的住宿选择，打破了传统的酒店业格局。

Airbnb成功利用了互联网技术和社交媒体的力量，通过用户评价、分享和推荐等方式，建立了一个高度信任的社区。使得房东和旅行者可以在平台上放心进行交易，从而提高了平台的活跃度和用户黏性。

此外，Airbnb还通过精心设计的定价策略、高效的运营管理和持续的产品创新，保证了盈利的优势。例如，其通过动态定价算法，能够根据供需关系实时调整价格，从而实现收益最大化。同时，Airbnb还不断推出新功能和服务，如房东保险、专属客服等，以提高用户体验和增加用户黏性。

凭借其独特的商业模式和盈利优势，Airbnb吸引了大量的投资者。在成立短短几年内，就获得了数千万美元的融资。如今，Airbnb已经成为全球最大的民宿短租平台，市值高达数百亿美元。

由此可见，不断优化商业模式，保证盈利有优势，企业可以吸引更多的投资者，为企业的快速发展提供资金支持。

以上是对"优化商业模式，保证盈利有优势"的详细探讨。希望对于正在寻求投资或希望提升自身企业价值的经营者们，能提供一些有益的启示和思考。在商业世界中，不断学习和适应变化是成功的关键。只有不断优化和创新，企业才能保持竞争优势，实现可持续发展。

实施项目包装：企业和项目要具有想象空间

在竞争激烈的商业环境中，企业要想获得千万级别的投资，除了具备坚实的业务基础和卓越的团队能力外，项目的包装策略同样至关重要。成功的项目包装不仅能让投资者看到企业的现在，还能展望企业的未来，激发投资者的想象空间。

项目包装属于"造势"。项目包装是企业通过观察国家政策导向、行业发展前景、产品供需情况等因素，在市场运转规律的基础上对具有潜力的项目进行巧妙的策划和包装。对项目进行包装的最大目的，就是为了给投资者留下深刻、良好的第一印象。无数融资案例表明，良好的第一印象有利于融资活动的展开，让企业可以获得更有利的融资筹码。

优步（Uber）作为一家全球知名的共享经济平台，其成功的商业模式和巨大的市场潜力为其赢得了大量的投资。Uber通过创新的商业模式，将传统的出租车行业进行了彻底的颠覆。并利用移动互联网技术，将私家车主与乘客有效连接了起来，实现了资源的优化配置和高效利用。

在项目包装方面，Uber巧妙地利用数据分析和市场研究，向投资者展示了共享经济在全球范围内的巨大市场潜力。同时，Uber还通过制订明确的市场拓展计划和严格的执行策略，确保了项目的可落地性和可持续性。

此外，Uber的品牌包装同样出色。通过强调其创新、便捷、环保的特点，Uber成功地塑造了一个具有社会责任感和广泛认可度的品牌形象，进一步增强了投资者的信心。

正是凭借着这些优势，Uber成功获得了数亿美元的投资，成为共享经济领域的佼佼者。通过对Uber以及其他企业的项目和品牌包装的深入研究，人们总结出了项目包装的核心要素和包装层次。

先来看看项目包装的核心要素，主要包括以下三个方面。

（1）清晰的商业模式。一个易于理解且具有创新性的商业模式，是吸引投资者的关键，能够快速传达企业的价值主张、盈利途径以及竞争优势。

（2）具有吸引力的市场前景。通过翔实的数据和深入的分析，向投资者展示项目巨大的市场潜力，是项目包装中不可或缺的一环。

（3）可落地的执行计划。一个完善的执行计划能够让投资者看到企业对于项目实施的严谨态度和专业能力，从而增强投资信心。

再来看看项目包装的层次，通常包括四个方面：技术包装、产品包装、企业包装、领导力包装。这个顺序基本是固定不变的，优先进行技术包装，只有这样后续的产品包装才有意义，在这两者之上进行的企业包装也才更有力量。最后进行领导力包装，注意不是单纯的领导者包装，必须结合领导力。让投资者看到企业从内到外、从上到下都是具有高价值的，投资的可行性将因此提升。

此外，企业要想做好项目包装，除如实、恰当、专业地描述项目内容、项目优势和项目价值外，还需要从想象空间着手。浅层面上，想象空间是企业基于战略规划和发展现状产生的对项目的未来前景的期盼；深层面上，想象空间是明确企业和项目是否具有可持续发展能力和可持续发展能力强弱的具体展现。

具体而言，企业与项目的想象空间可以从如下三个方面展开。

（1）技术创新。在科技日新月异的今天，拥有前沿技术的企业往往能够引发投资者的无限遐想。这些技术不仅可能颠覆现有市场，更可能开创一个全新的行业领域。

（2）市场拓展。项目包装中应展现出企业对于市场扩张的雄心和策略。通过国际化布局、行业整合等方式，为企业未来的发展描绘出广阔的蓝图。

（3）品牌塑造。一个具有独特魅力和广泛认可度的品牌，是企业软实力的重要体现。通过品牌包装，企业能够向投资者展示其长期的发展潜力和社会价值。

因此，在当前的投资市场中，企业要想获得千万级别的投资，不仅需要具备坚实的业务基础和卓越的团队能力，还需要通过巧妙的项目包装，向投资者展现出企业和项目巨大的想象空间和可持续发展潜力。

建设优秀团队：让人才带来钱财

人才是企业最宝贵的资产之一，能为企业带来强大的能力支持和广阔的发展空间，并能吸引投资者的目光，为企业带来丰厚的资金。

由优秀人才组成的优秀团队，不仅具备专业的技能和丰富的经验，更有着共同的价值观和强烈的使命感。这样的团队能够高效协作，并能够快速响应市场变化，为企业创造更多的价值。在投资者眼中，一个拥有优秀团队的企业，往往具有更高的成长潜力和更低的投资风险。

要想建设优秀团队，必须紧握团队建设的核心要素，要坚持三个原则不放松。

（1）人才招募与选拔。企业应积极招募具有专业技能、创新思维和高度责任感的人才，通过严格的选拔机制确保团队成员的素质和能力。

（2）团队文化建设。建立积极向上、团结协作的团队文化，激发团成员的归属感和创造力，提高整体绩效。

（3）持续培训与发展。为团队成员提供持续的培训和发展机会，帮助他们提升能力，实现个人和企业的共同成长。

建设优秀团队不是为了摆着看的，而是要团队对企业发展起到助力作用。那么优秀团队与企业发展应该形成怎样的关系呢？

（1）创新驱动。优秀的人才能够带来新的思维和想法，推动企业的创新和发展，为投资者带来更大的回报。

（2）执行有力。高效的团队能够迅速响应市场变化，实现企业的战略目标，提高市场竞争力。

（3）吸引投资。一个优秀的团队能够向投资者展示企业的潜力和价值，增加投资者的信心，从而吸引更多的资金支持。

以国内某科技公司为例，该公司因为拥有一支顶尖的技术团队，成功吸引了千万级别的投资。该公司创始人在创立之初就明白人才的重要性，因此不惜重金聘请了多位在人工智能领域有着丰富经验和深厚技术背景的专家。这些人才的加入，不仅提升了企业的技术实力，还为企业带来了更多的创新思路和解决方案。

随着团队的壮大和技术的不断突破，该公司逐渐在市场中崭露头角。其开发的智能产品深受用户喜爱，市场份额逐年上升。这些成绩吸引了众多投资者的关注，最终，该公司成功获得了千万级别的投资，为企业的快速发展注入了强大的动力。

该公司的成功案例告诉我们，建设优秀团队是企业获得大宗投资的关键。只有拥有了一支高素质、专业化的团队，企业才能在激烈的市场竞争中走得更好，并吸引投资者的目光。因此，企业要想获得投资，必须重视团队建设，让人才成为企业发展的强大引擎。

总之，在未来的商业竞争中，企业必须注重团队建设，积极招募和培养优秀人才，打造高效、协作、创新的团队文化，不断提升自身的竞争力和吸引力，以赢得投资者的信任和支持。在这个快速变化的时代，只有拥有强大团队的企业才能够不断适应市场需求，抓住机遇，实现快速发展和成功融资。

评估增长机会：呈现企业发展前景

在投融界领域，沃伦·巴菲特投资了苹果、可口可乐、美国运通等多家世界级独角兽企业，他被人们当作投资界的神崇拜着！巴菲特之所以能够取得如此骄人的投资成绩，核心原因就是他对标的企业发展前景进行的精准评估。

在激烈竞争的商业环境中，企业获得投资并非易事。投资者不仅关注企业的现状，更看重其未来的发展潜力和增长机会。因此，要想吸引千万级别的投资，企业经营者必须有能力对企业基本面做出全面分析，就像巴菲特评估标的企业那样评估自己企业的发展前景。如果企业确实有发展前景，就要向投资者充分展示企业的增长战略和发展前景的能力（见图3-1）。

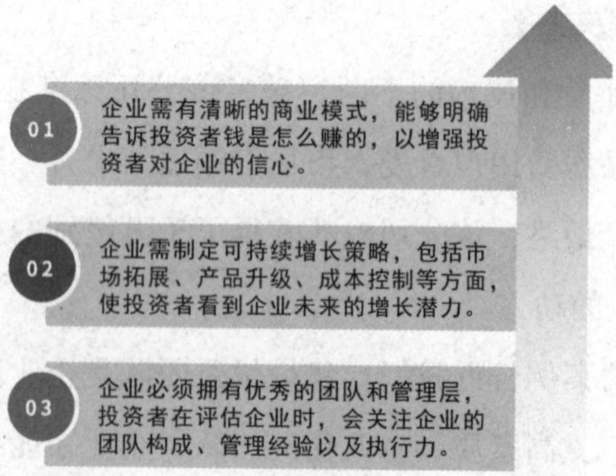

01 企业需有清晰的商业模式，能够明确告诉投资者钱是怎么赚的，以增强投资者对企业的信心。

02 企业需制定可持续增长策略，包括市场拓展、产品升级、成本控制等方面，使投资者看到企业未来的增长潜力。

03 企业必须拥有优秀的团队和管理层，投资者在评估企业时，会关注企业的团队构成、管理经验以及执行力。

图3-1　企业呈现发展前景的三个方向

随着移动互联网的不断发展，流量思维和在此基础上衍生出的超级用户思维，已经成为企业持续发展的重要支撑。无论是流量思维为先，还是超级用户思维为主，用户增长都是核心重点。不仅是企业经营者，投资者也希望看到标的企业的用户增长趋势，以此更精准地判断企业的发展潜力。

用户增长的首要途径是用户获取，企业必须借助各种渠道与用户进行多次互动才可以最终实现。在这个过程中，企业可以通过三个方法加速获取用户的进度。

（1）开发更多流量，即拓宽更多用户获取渠道。

（2）全面推广宣传，不断增加产品和品牌的曝光度。

（3）经营好流量池，让更多目标用户进入流量池以便进一步实现转化。

用户增长的关键途径是用户深耕，企业必须通过精细化运用，提升用户的生命周期。因为用户的生命周期与其活跃和留存情况息息相关，活跃度越高，留存度就越高，相对应的生命周期也就越长；而留存度越高，也可以刺激活跃度增高，同样能提升生命周期。因此，活跃度和留存度是相互增强与彼此赋能的关系，企业要想做好用户深耕，就必须从用户的活跃率和留存率上入手，可以采取线上结合线下、建立用户社群等措施实现。

企业经营者应该向投资者展示本企业的用户增长情况，以及本企业的用户增长率跑赢行业平均用户增长率的原因，并制订进一步提升用户活跃率与留存率的方案，实现用户增长。但必须注意，向投资者展示的所有数据必须是真实合理的，因为投资者一定会谨慎审核标的企业提供的信息，以此判断标的企业用户的增长是真实的还是虚假的。

在任何经济时代，企业的增长机会越强，价值越大，投资回报也就越大。这是投资者的毋庸置疑的共识。企业经营者不仅要一方面实现企业真正的收益增长，并且是持续性盈利，另一方面要将增长展示给投资者。可以反映盈利能力的指标有很多，主要包括销售毛利率、销售净利率、总资产报酬率、总资产净利率、净资产收益率、资本保值增值率等。

但仅仅展现这些指标是不够的，因为一个看似很好的项目能否真正变现并非只是由项目本身所决定的，还与市场情况、营销策略、经济环境和政策导向息息相关。投资者会根据各类要素的综合考量对项目变现难度进行分析。同时，投资者还会深入分析企业的持续盈利能力，如果一个项目只是在前期利润可观，后期会陷入经营僵局而导致盈利停滞，以这样的项目进行融资的企业通常不会受到投资者的认可。这就要求企业经营者还要向投资者展示企业盈利的可持续性，一般可以在以下几个方面重点体现。

（1）企业自成立以来一直保持持续盈利状态，未出现利润负增长情况。

（2）企业的盈利模式和利润来源比较稳定，主力产品的市场占有率亦稳定。

（3）企业主要业务（产品和服务）发展前景广阔，能够实现可持续发展。

（4）企业经营模式稳定，基本不会发生不利于企业发展的重大变故。

（5）企业管理层核心人员与技术型人才架构稳定，短期内不会发生重大人事变动。

（6）企业的主要资产、核心技术和其他重大权益均合理合法，且能持续利用。

（7）企业未出现对企业持续经营产生重大影响的担保、仲裁、诉讼或其他变动因素。

投资者在投资时会根据上述七个方面（但不限于上述七个方面）判断企业盈利的可持续性，企业经营者应向投资者介绍与之相关的内容。

总之，收益最大化和盈利可持续性是投资者进行投资行为的根本动力和终极考量。具备强大盈利能力的企业可以进一步提升市场竞争力，这不仅能使自己实现巨大收益，也能帮助投资者获得丰厚回报。

股权分配合理：为投资者进入做准备

著名投资人徐小平曾说："人生有两大悲剧，年轻的时候不懂爱情，创业的时候不懂股权。"企业创始人如果不懂股权，不能为股权做出合理分配，就会掉入股权陷阱，影响企业的发展。最严重时甚至会导致创业者控制权被稀释，企业在经过融资后，创业者黯然出局。而且，创业者股权过少，有时还会对融资造成一定影响，华为公司就曾因为股权太过分散而无法顺利获得融资。

为了更好地管理企业，保证企业正常经营和长远发展，创业者的股权比例不能太低或太高，还要避免股权分配的几个败局，如核心创始人一股独大、创始团队平均配股、忽略其他因素仅按资配股、股权过散、小股为尊等。在企业发展的不同阶段，股权分配也会出现变化，但有四点原则是必须坚守的。

1. 防止创业者的股权被稀释

融资给企业带来的变化之一，就是企业因为增发股权而导致原股东（创始人或创始团队）手中的股权减少。因此，当融资轮次不断增多，创业者的股权会逐渐减少。

通常，一个不断发展的企业在上市前需要进行多轮融资，即种子轮（或天使轮）、A轮、B轮、C轮……IPO。企业每引入一轮投资，创业者手中的股权都会被稀释，经过多轮融资和股权池调整后，创业者手中的股权往往就很少了，此时就体现出了提前分配股权的重要性。如果创业者可以根据企业的实际情况，将可能经历的多次融资轮次考虑在内，而进行股权划分，提前为投资者预留股权，就可以在一定程度上避免自己（创始人或创始团队）的股权被过度稀释而丧失控制权。

2. 设置变量，增强股权灵活性

随着企业的不断发展，投资者投入要素的价值会发生变化，创业者与投资者的股权也会发生变化。如果前期股权设置不当，后期就可能引发股权纠纷。为了避免可能出现的纠纷状况，创业者应尝试设置变量，让股权处在动态的变化中。

（1）发行限制性股权。又称为"被限制股权"，也就是给股权设置一定的限制，尤其是给投资者持有的股权加以限制。例如，需要投资者分期兑现股权。而且，如果投资者中途退出，企业可以按照实现约定的价格对股权进行回购。无论企业是否上市，都可以套用限制性股权。

（2）股权分期兑现。企业根据实际情况，设置不同的股权兑换机制。如某公司为了预防短期投机行为，要求投资者投资持股满 2 年能兑换 50% 的股权，满 3 年能兑换 75% 的股权，满 4 年才能兑换 100% 的股权。这种方式保证了投资者能至少持有公司工作 2 年的股权，避免了短期退出给公司带来的不必要损失。

（3）约定回购机制。随着企业不断发展（或者向好发展，也或者向差发展），股价也在不断变化。投资者可能会在某个阶段因为想要获利，或者想要避免继续亏损而出售股权，往往此时会引发股权退出纠纷，因此企业必须在为投资者分配股权时约定回购机制，确定一个双方都认可的回购价格。

在股权分配过程中，设置这些变量都是为了做好预期管理，即为后期各种要素的价值浮动留有一定余地，让投资者最大限度地拿到与他们的贡献相匹配的收益。

3. 根据股东实际贡献调整股权

在企业创立之初和后续发展中，各种资源对企业发展的价值是不同的。就像企业创立初期，资金是最重要的，谁能拿出真金白银，谁对企业的贡献就大，相应地，投入资金的股东所占的股权比例就会大一些。但随着企业的发展，技术能力、渠道资源、人力资源等对企业越发重要，当然这并不是说资金对企业就不重要了，资金在企业经营的任何阶段都是最重要的资源。但是，当企业步入正轨，可以自负盈亏和赚取利润后，企业发展的资金来源都是从盈利中得到的，原始投入的资金对企业发展已经没有了价值，如果此时仍然按照原始出资比例划分股权，显然就不合适了，此时必须调整股权结构。

张三、李四、王五合伙开了一家网上商城，张三出资60万元，占股60%；李四出资40万元，占股40%；王五因为有电商工作经验和网页设计才能以技术股东身份加入，不占股权，只拿绩效奖金和年终分红。一年后，网上商城运转良好，业绩超过预期。但若想维持现有经营水准，并扩展业务领域，都离不开王五技术上的支持，此时王五的贡献与价值真正凸显了出来。为了留住王五，也为了让公司股权架构更加合理，更为了后续融资顺利，张三和李四共同决定修改公司的股权架构。因为张三的管理能力突出，公司仍以其为核心股东，占股40%；李四的贡献减少，其股权占比下降至15%，另外给王五10%的股权奖励；余下35%作为预留股权池，为后续引入人才和资本做准备。

由此可见，随着经营的深入，经营股东、出资股东和技术股东的价值是不断变换的。只有做好股权调整的准备，在想要获得投资时，才能给投资者呈现出最合理的股权架构。

4.坚持"同股不同权"

具体而言，"同股不同权"就是投融界都认可的AB股，即将股权分为A股和B股两类，对外发行的A股对应1票投票权，对内发行（主要针对企业管理层）的B股对应N票投票权（一般设定为对应10票，也有对应几十票、上百票，甚至数百票的，称为"超级AB股"）。B股一般不能公开交易，若想转让，必须先转换成"一股一票"的A股。

牛七作为某公司创始人，经过三轮融资后持股45%，三位外部投资股东马八、甲公司、乙公司分别持股25%、20%、10%。

如果该公司采用常规股权制度，则牛七的控股占比未过半，对于公司在需要过半数股东同意的事项上没有决策权，对于需要经过三分之二股东同意的重大事项上更不具有决策权。

如果该公司采用AB股制度，对外部投资者马八、甲公司、乙公司发行A类股票，创始人牛七和管理层持有B类股，并规定A类股对应每股有1票投票权，B类股对应每股有10票投票权。假设该公司的注册资本为1000万股，则牛七的投票权为450万股×10票，马八的投票权为250万股×1票，甲公司的投票权为200万股×1票，乙公司的投票权为100万股×1票。则该公司表决权比例为：牛七占89.11%，马八占4.95%，甲公司占3.96%，乙公司占1.98%。

由此可见，AB模式的股权结构的好处是，即使创始人/创始团队失去了多数股权，但因掌握拥有更多投票权B类股，可以持续掌控企业。但"同股不同权"仅适用于表决权，与股票的所有权、收益权、分红权不发生关系，每股的价值不变。

因此，合理的股权分配不仅能够平衡创始团队之间的利益关系，还能够吸引投资者的关注，为企业的未来发展奠定基础。下面通过一个完整的案例，详细解析股权合理分配的重要性，以及如何为投资者进入做准备。

某公司成立于2010年，是一家专注于移动互联网的高科技企业。公司创始团队由五名成员组成，分别负责产品、技术、市场和运营等核心职能。在创立之初，该公司制订了明确的股权分配方案，为后续吸引投资奠定了基础。

（1）创始团队股权分配。根据创始团队成员的贡献度和职责范围，合理分配股权。在此案例中，产品负责人、技术负责人和市场负责人分别获得了30%、20%和10%的股权，运营负责人由于职责相对较轻，获得了

5%的股权。

（2）投资者股权分配。为吸引投资，该公司预留了20%的股权给未来投资者。这样既保证了创始团队的控制权，又为投资者提供了进入的空间。

（3）股权激励。为激发团队成员的积极性和创新能力，该公司还设立了10%的股权用于股权激励。

成立后的第二年，该公司凭借优秀的产品吸引了投资者的关注。经过多轮谈判，丙投资公司决定对该公司进行投资，投资金额为2000万元。根据之前的股权分配方案，丙投资公司获得了10%的股权，与此同时，该公司估值达到了2亿元。

通过对该案例的阐述，可以看出合理分配股权对企业发展的优势，具体而言可以概括为平衡利益、吸引投资和激励团队三个方面（见图3-2）。

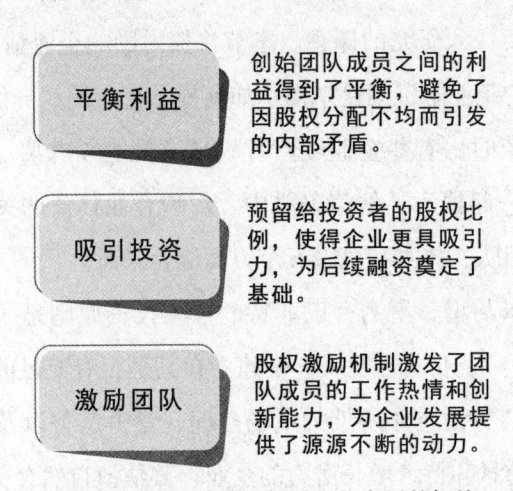

平衡利益	创始团队成员之间的利益得到了平衡，避免了因股权分配不均而引发的内部矛盾。
吸引投资	预留给投资者的股权比例，使得企业更具吸引力，为后续融资奠定了基础。
激励团队	股权激励机制激发了团队成员的工作热情和创新能力，为企业发展提供了源源不断的动力。

图3-2 合理分配股权对企业发展的好处

在实际操作中，企业应根据自身情况，结合创始团队成员的贡献度、职责范围等因素，制订合适的股权分配方案。同时，要预留一定的股权给投资者，以吸引更多的投资和支持。此外，设立股权激励机制，激发团队成员的积极性和创新能力，也是推动企业发展的重要手段。

总之，股权合理分配是企业在创立之初就要充分考虑的问题。只有制订出合理的股权分配方案，才能够为企业的长远发展提供有力保障，并吸引投资者的关注和支持。

做大企业估值：致力于打造"高"身价

沃伦·巴菲特认为，投资有两个重点：一个是如何为企业估值，另一个是如何充分利用市场情绪。可见，在投资过程中，估值是必不可少的环节。

的确，在当今的商业环境中，企业的估值不仅代表着其当前的经济价值，更预示着其未来的成长潜力和市场地位。那么，什么样的企业能够获得千万级别的投资呢？这不仅是投资者关注的焦点，也是每一家有志于发展壮大的企业需要深入研究的课题。本节将探讨影响企业估值的关键因素，并通过一个具体的企业融资案例来揭示如何提升企业的"身价"。

在为企业估值时，有些企业经营者只是简单地考虑某一项因素，从而让自己连同企业一起掉入了估值陷阱中。影响企业估值的关键因素，可以从市场、模式、团队、技术和风险五个方面综合来看。

（1）市场前景与增长潜力。巴菲特的一项投资原则是"企业是否具有良好的发展前景"。企业能否发展，是建立在其是否有充足的增长空间之上的。投资者通常会关注企业所处的市场空间、竞争态势以及增长潜力。一个拥有广阔市场前景和持续增长潜力的企业，其估值自然会更高。

（2）商业模式与盈利能力。清晰、可持续的商业模式以及稳定的盈利能力是吸引投资的关键。投资者希望看到企业能够通过有效的商业模式实现盈利，并在未来保持持续增长。

（3）管理团队与执行能力。一个优秀的管理团队能够带领企业走向成功。投资者的决策往往会受到企业管理团队的背景、经验和执行能力的影响。

（4）技术实力与创新能力。在科技日新月异的今天，技术实力和创新能力是企业保持竞争力的关键。拥有先进技术和持续创新能力的企业更容易获得期望中的投资。

（5）风险控制与合规性。企业对于风险的控制能力以及合规性，也是影响估值的重要因素。企业的风险主要有三种，分别是财务风险、经营风险和市场风险。投资者在为企业估值时会考虑到这些风险，企业经营者必须制定出完善的风险应对措施。一个能够有效控制风险、遵循法律法规的企业，更能赢得投资者的信任。

以某科技公司为例，该公司专注于人工智能技术的研发和应用，在短短几年内就实现了跨越式发展。那么，这家公司是如何通过自身的努力吸引到了千万级别的投资呢？根据以上讲述可知，该公司做了五项准备。

明确的市场定位与增长策略：该公司准确识别了人工智能技术在多个行业的应用前景，并制定了明确的市场定位和增长策略。通过深耕特定领域，该公司不仅快速占领了市场份额，还实现了业务的快速增长。

创新的商业模式与盈利能力：该公司采用了一种创新的商业模式，将人工智能技术与其他行业的需求相结合，提供定制化的解决方案。这种模式不仅降低了用户的成本，还提高了公司的盈利能力。随着业务规模的扩大，该公司的盈利能力也在持续增强。

优秀的管理团队与执行能力：该公司的管理团队由一批具有丰富经验和深厚技术背景的专业人士组成，他们不仅具备敏锐的市场洞察力，还拥有强大的执行能力。在管理团队的带领下，该公司成功应对了市场变化和各种挑战，实现了稳健发展。

强大的技术实力与创新能力：该公司一直注重技术研发和创新能力的提升，通过不断投入研发资金、引进优秀人才和加强技术合作，该公司在人工智能领域取得了多项重要突破。这些技术实力和创新成果，为公司的长期发展提供了有力保障。

严格的风险控制与合规性：在发展过程中，该公司始终注重风险控制和合规性管理。通过建立完善的风险管理体系和合规机制，有效降低了潜在风险，保障了公司的稳健运营。

通过对以上案例的分析，我们可以看出，要打造一家具有高估值的企业，只有全面提升和优化这五项关键要素，企业才能真正实现"高"身价，吸引到更多的投资。

但是，重视了这些估值因素，并不代表能正确对企业做出价值评估。因为很多企业经营者在评估自己的企业时，总是带有拔高情结，就是期望企业估值越高越好。但现实是如此简单的"高"就等于"好"的逻辑吗？不一定。

在天使轮融资中，如果企业得到一个高估值，那么到下一轮融资时，企业的估值就要更高才可以。这就意味着，在两轮融资过程中，企业的业务规模、盈利能力和用户数量都要增长很多。因为企业经营者需要向投资者表明，企业的整体规模和收益是在增长状态中的，企业是具有强大增长空间的。如果企业经营者做不到这一点，就要接受来自投资者的苛刻条款，被迫进行一轮低估值融资。这种情况对企业融资是非常不利的，很可能会因为估值降低或估值达不到预期底线，而得不到投资，进而引发企业资金链断裂。正因如此，企业在进行估值时，并非越高越好，而应是越恰当越好，该值多少钱就是多少钱，要去掉不该有的水分。

第四章
投资行为分析：投资者喜欢什么样的企业

投资者在选择投资对象时，往往有着明确的偏好和标准。他们倾向于选择那些具有长期增长潜力的企业，这些企业往往具有创新的技术或业务模式，能够在市场中脱颖而出。同时，他们也会关注企业的管理团队和财务状况，以确保投资的安全性和回报潜力。此外，投资者还会关注企业的市场前景和竞争环境，以确保投资能够获得持续的收益。那么，究竟什么样的企业才能够吸引投资者的目光呢？本章将对此进行深入探讨。

创始人格局大,不被短期利益诱惑

在企业的成长和发展过程中,投资者扮演着至关重要的角色。他们不仅为企业提供资金支持,还通过自身的资源和经验帮助企业实现更快的发展。然而,并非所有的企业都能得到投资者的青睐。在投资者的眼中,他们更倾向于那些有着远大格局、不被短期利益所诱惑的企业。

企业的性格是由创始人塑造的,也就是说创始人是什么样的,企业就是什么样的。如果创始人的格局大,不被短期利益所诱惑,则企业也同样会有"山高我为峰"的气势。有大格局的创始人带领的企业,才有机会在激烈的市场竞争中坚韧不拔,实现长期的稳定增长。

下面通过五个方面详细阐述企业创始人应具有怎样的大格局,以帮助各位创业者在带领企业前进的过程中,不断打造自身的硬实力。

(1)创始人的战略眼光与长远规划。一个有格局的创始人能够洞察行业的发展趋势,制定出符合企业实际情况的长远规划。他们不仅关注企业的当前利润,更重视企业的未来发展和持续竞争力。这样的创始人能够引导企业朝着正确的方向前进,即使面临短期的困难和挑战,也能够坚定信心,保持战略定力。

(2)企业价值观与社会责任。一个有格局的创始人会建立起一套符合企业特点和发展需要的核心价值观,这些价值观不仅能激发员工的积极性和创造力,还能赢得社会的认可和尊重。同时,这样的创始人还会关注企业的社会责任,积极参与公益事业,推动社会的可持续发展。这样的企业不仅能获得投资者的认可,还能赢得社会的广泛赞誉。

(3)技术创新与研发投入。在科技飞速发展的今天,技术创新成为企业发展的重要驱动力。一个有格局的创始人会高度重视企业的技术创新和研发投入，不断推动企业的技术进步和产品升级。他们明白，只有不断创新才能在激烈的市场竞争中长期屹立。因此，他们会投入大量的资金和资源用于研发和技术创新，以此来提升企业的核心竞争力。

（4）团队建设与人才培养。一个成功的企业离不开一支优秀的团队。一个有格局的创始人深知团队的重要性，他们注重团队的建设和人才的培养，会通过选拔优秀的人才、建立完善的激励机制、营造良好的企业文化等手段来打造一支高效、团结、富有战斗力的团队。这样的团队既能为企业的发展提供有力的支撑，还能为企业的长远发展打下坚实的基础。

（5）国际视野与全球战略。在经济全球化的今天，一个有格局的创始人还具备国际视野和全球战略。他们会关注国际市场的动态和趋势，积极寻求与国际企业的合作与交流。通过引进国际先进的管理理念和技术手段，提升自身的竞争力。同时，他们还会根据全球市场的变化和需求，调整企业的战略方向和市场布局，以实现企业的全球化发展。

亚马逊公司是全球最大的电子商务公司，其创始人杰夫·贝索斯是一个有着远大格局的企业家。在亚马逊的发展过程中，贝索斯始终坚持长期主义的发展理念，关注企业的长期价值而非短期利益。他通过大量的技术创新和研发投入，推动亚马逊在电子商务、云计算等领域取得了显著的领先地位。同时，贝索斯还注重团队建设和人才培养，通过建立完善的激励机制、提供良好的职业发展空间等手段来吸引和留住优秀的人才。此外，贝索斯还具备国际视野和全球战略，他积极拓展全球市场，推动亚马逊的全球化发展。正是由于贝索斯的远见卓识和卓越领导，亚马逊公司才得以在激烈的市场竞争中保持领先地位，成为全球电子商务行业的佼佼者。

综上所述，投资者喜欢那些有着远大格局、不被短期利益所诱惑的企业。这些企业的创始人具备战略眼光、长远规划、价值观、社会责任、技术创新、研发投入、团队建设、人才培养、国际视野和全球战略等多个方面的素养和能力。通过案例分析，我们可以看到亚马逊公司就是这样的典范。因此，作为企业创始人，应该不断提升自身的格局和素养，引导企业朝着正确的方向前进，实现长期的稳定增长和可持续发展。

处于新兴细分领域，且潜力巨大

在投资者的眼中，企业的吸引力往往与其所处的行业领域，以及发展潜力紧密相连。特别是在当前科技飞速发展、产业变革不断加速的时代背景下，那些处于新兴细分领域且具备巨大潜力的企业，往往更容易赢得投资者的青睐。

新兴细分领域通常具备以下四个显著特点。

（1）创新性：新兴领域往往伴随新技术的出现或传统行业的创新变革，这些技术与变革能为市场带来新的增长点和商业模式。

（2）高成长性：由于市场尚未完全成熟，存在着巨大的增长空间和机遇，企业有机会在较短的时间内实现快速发展。

（3）政策支持：国家通常会对新兴细分领域给予一定的政策扶持，如税收优惠、资金扶持等，为企业创造有利的发展环境。

（4）市场需求旺盛：随着消费者需求的不断升级和变化，新兴细分领域往往能够满足市场的某种新需求，从而获得广阔的市场前景。

在"小而美"的时代，企业的核心工作不是扩张式发展，而应是在所处的细分领域深挖商机，并努力成为细分领域的佼佼者。对于投资者而言，这种"锥子"样的企业往往更有投资价值。

电商领域的发展可谓百花齐放，有综合性的，也有专注于细分领域的。淘宝、京东是综合性电商的代表，唯品会、饿了么、转转等专注于细分领域。

投资者会关注企业所处细分领域的市场规模、竞争格局以及未来增长潜力等方面，以判断企业的市场前景。当一家企业成为某细分领域里的第一和第二时，也就意味着这样的企业会有更好的增长潜力，也更容易获得投资者的认可。

总而言之，处于新兴细分领域，且具备巨大潜力的企业，往往具备创新性、高成长性以及广阔的市场前景等特点，这些特点正是投资者所青睐的关键因素。因此，对于那些希望获得投资者支持的企业而言，不仅要关注自身所处的行业领域是否具备发展潜力，还要不断提升自身的创新能力、技术实力和商业模式等，以吸引更多投资者的关注和投资。同时，企业还需要紧密关注市场变化和政策动态，及时调整战略方向和业务模式，以应对不断变化的市场环境，实现长期的稳定发展和持续增长。

所在市场有明显的现金流优势

在投资领域有一个基本共识，即受投资者欢迎的企业面对的是有现金流的市场，企业在这样的市场中拥有用低成本获取更多用户的可能。如果企业所在市场没有明显的现金流，则极大可能说明企业的发展不会达到预期。

这就是为什么，投资者的目光往往会聚焦于那些具备持续增长潜力和稳定现金流的企业，因为这样的企业不仅能够在经济波动中保持稳健，还能够为投资者带来稳定的回报。具体可体现在以下三个方面。

（1）抵御风险能力：稳定的现金流能够帮助企业在面对市场波动、经济下行等风险时，保持足够的资金储备，从而避免资金链断裂等。

（2）投资扩张能力：拥有充足现金流的企业，能够在合适的时机进行投资扩张，抢占市场份额，实现企业的快速发展。

（3）偿债能力强：良好的现金流状况能够增强企业的偿债能力，提高企业的信用评级，为企业获得更多的融资渠道。

"滴滴出行"就是依靠所在市场的现金流优势，通过一系列正确的运作，最终成为该领域的龙头老大。最初，"滴滴"将打车业务作为切入点，通过不断扩张市场，得到了大量司机和乘客的使用。然后，"滴滴"掉转方向，再以用户为中心，从用户的出行需求出发，逐步建立起庞大且完善的出行系统，将各项业务整合进系统中，品牌名字也由"滴滴打车"变更为了更符合现实情况的"滴滴出行"。

"滴滴出行"能够顺利发展起来，最大的助力就是其所在市场庞大的现金流优势。全国各城市的几亿年轻人都是潜在用户，且年轻人的消费理念已经得到彻底革新，打车出行已经是生活常态，因此这一块的市场潜力是无限大的。且以打车为核心业务，可以辐射到旅游、购物、医疗、求学等方方面面，这就意味着有更加庞大的市场正等待着"滴滴"逐步挖掘。

只要提到"滴滴"，人们总是会想到当年与"快的"的烧钱大战。两家当年都是一款打车软件的公司，但分别被互联网大佬腾讯和阿里巴巴看上了，也就是两家公司在得到腾讯和阿里巴巴的大量资金投入之后，发生了一场史无前例的"对攻"。为什么两家国内顶级互联网企业要为了各自旗下"小弟"如此拼杀呢？两家企业都有着很多投资项目和投资企业，但能让这两家企业亲自为"小弟"下场搏杀的，尚属首次。根本原因就在于两家互联网巨头都看到了打车软件这个市场内汹涌的现金流，也看到了以打车软件为核心业务的未来扩展的可能性。谁占据了这块市场的主力地位，谁就拥有了分得更多市场的可能性。所以，十几亿的烧钱规模相对比至少千亿级别的市场，是绝对值得的一笔买卖。

因此，投资者看重的永远是企业稳定的现金流和广阔的市场前景，通过以上分析，可以得出以下结论。

（1）所在市场有明显现金流优势的企业更容易吸引投资者的青睐。

（2）市场具有现金流优势，能够增强企业的盈利能力、投资扩张能力、偿债能力和抵御风险能力，从而提高企业的整体竞争力。

（3）投资者偏好企业所在市场具有现金流优势的原因，在于投资安全性、回报稳定性和成长潜力。

对于企业经营者而言，应该深入了解自己的企业所在的市场现金流情况。如果企业所在市场现金流充足，是非常有利于获得投资的。如果企业所在市场现金流不够充足，则应关注市场需求变化，及时调整战略和业务模式，将部分业务转入现金流充足的市场中，这既能增强企业的盈利能力，也能提高企业的融资能力。

研发的产品要有差异化与不可替代性

在投资领域，投资者的目标往往是寻找那些具有独特竞争优势和长期增长潜力的企业。特别是在产品同质化竞争激烈的市场环境中，研发出具有差异化和不可替代性的产品，往往能够吸引投资者的目光。本节将深入探讨为何投资者会青睐这样的企业，并通过一个国内知名企业的案例来具体说明。

产品差异化是企业通过研发创新，使其产品在功能、设计、品牌等方面与竞争对手的产品形成明显区别，从而满足消费者独特的需求。不可替代性是企业产品具有独特的价值和特性，使得消费者难以找到其他替代品。这两个特点对于企业吸引投资者的重要性主要体现在以下三个方面。

（1）市场竞争力。具有差异化和不可替代性的产品，能够在市场中形成独特的竞争优势，有效抵御竞争对手的冲击，保持稳定的市场份额。

（2）定价能力。差异化产品能够获得更高的定价权，因为消费者愿意为独特的产品特性支付溢价。

（3）品牌忠诚度。差异化的产品能够培养消费者的品牌忠诚度，形成稳定的用户群体，为企业的长期发展奠定基础。

投资者为何偏好研发出差异化与不可替代性产品的企业？其深层的原因。首先是创新能力的考量：这类企业通常具备较强的创新能力和研发实力，能够持续推出符合市场需求的新产品，保持竞争优势。其次是市场前景的考量：具有差异化和不可替代性的产品，往往能够抓住市场的细分需求，形成独特的市场定位，具备广阔的市场前景。最后是增长潜力的考量：这类企业通常能够保持较高的增长速度，为投资者带来丰厚的回报。

企业想要打造差异化与不可替代性的产品，以获得更多的市场份额和长期增长，有三项原则必须遵循。

原则1——生产运用专业技术的替代产品。例如，柯达和富士曾在胶卷市场上厮杀得不可开交，而最终的胜利属于现代技术代表的数码相机。

原则2——跨行业进行多种方法的联合创新。例如，微信刚出现时，功能与同为腾讯旗下的QQ几乎完全重合。但发展至今，微信早已与QQ走上了不同的道路。

原则3——产品应具备可复制性。不可复制性的产品，即便具备差异化和不可替代性，市场规模也无法扩大，同样不能占领市场。

和府捞面成立至今仅10年出头，却在全国拥有数百家分店，即便是在新冠疫情期间，仍然获得了4.5亿元投资。

和府捞面迅速扩张与稳定发展的背后，由一套时刻把控的标准体系在支撑着。由于餐饮行业人员流动较大，和府捞面餐厅中的所有操作都有一套标准流程，并且最大限度利用机器，减少对人工的依赖。例如，后厨工作人员会通过机器精准控制食物的出锅时间，从而保证口感的一致性。

和府捞面从餐品的口感上做出了差异化和不可替代性，从管理的流程中做到了差异化和可复制性，正是因为这些优势，该企业成功吸引到了大量投资。投资者看重的正是该企业独特的生产能力、管理流程以及广阔的市场前景。在他们来看，这家企业不仅具备强大的市场竞争力，还具备长期增长潜力，是值得投资的优质企业。

通过以上分析可以得出：投资者喜欢那些能够研发出具有差异化和不可替代性产品的企业，因为这类企业具备强大的竞争力和增长潜力，能够为投资者带来稳定的回报。企业要想吸引投资者的关注，必须注重研发创新，不断提升产品的差异化和不可替代性。

因此，无论是企业还是投资者，都应该重视产品的研发创新，努力打造具有差异化和不可替代性的产品。只有这样，才能在竞争激烈的市场中始终占有一席之地，实现长期的商业成功和投资回报。

财务状况健康，法律结构合规

在投资领域，投资者往往会关注企业的多个方面，但其中有两个核心要素始终受到格外重视：企业健康的财务状况和法律结构的合规性。这两个要素不仅直接关系到企业的稳健发展，更是投资者评估企业潜力和风险的重要指标。

1. 财务状况健康的重要性

财务状况是企业运营状况的直观反映，关系到企业是否能够持续、稳定地增长，以及抵御经济波动的能力。投资者通过企业的财务报表，如资产负债表、利润表和现金流量表，能够洞察企业的经营状况、盈利能力和现金流状况。并从中仔细分析企业的财务状况，包括收入、利润、负债、应收账款、应付账款等指标。

（1）清晰的盈利路径。健康的财务状况意味着企业有清晰的盈利路径和稳定的收入来源。这能够给投资者带来信心，说明企业的产品或服务在市场中具有竞争力，未来有望实现盈利增长。

（2）良好的资产负债表。一个健康的资产负债表，表明企业资产与负债之间的平衡，以及企业资产的质量和流动性。这意味着企业在面对突发情况时，有足够的资产来应对，降低了投资风险。

（3）稳健的现金流。现金流是企业运营的血脉，稳健的现金流状况能够确保企业在扩张、研发或面临市场波动时拥有足够的资金储备。

总之，投资者希望看到企业具有良好的财务健康状况，以及清晰的盈利模式和可持续发展的能力。

2.法律结构合规的重要性

法律结构合规性是企业稳健运营的基石，关乎到企业的合规经营、知识产权保护以及未来的发展空间。

（1）合规经营。遵守法律法规是企业不可或缺的责任。一个合规的企业能够避免因违法行为而带来的法律风险，保证企业运营的稳定性和可持续性。

（2）知识产权保护。完善的法律结构能够为企业提供充分的知识产权保护，这对于依赖创新和技术驱动的企业尤为重要。它能够确保企业的核心技术和商业秘密不被侵犯，从而维护企业的竞争优势。

（3）未来发展空间。合规的法律结构也为企业未来的扩张和发展提供了坚实的基础。能够帮助企业在跨境投资、并购重组等复杂交易中顺利前行，实现企业的战略目标。

案例分析：

一家专注于智能科技领域的创新型企业，凭借前沿的技术和优秀的市场前景，成功吸引了众多投资者的目光。然而，真正让投资者下定决心投资的，正是其健康的财务状况和合规的法律结构。

在投资者的尽职调查中，首先重点标注的是该企业的财务状况的透明与健康：该企业自成立以来，一直注重财务管理的规范性和透明度。企业定期公开财务报告，接受第三方审计机构的严格审查，以确保财务数据的真实性和准确性。同时，该企业也注重成本控制和风险管理，保持着健康的资产负债表和稳健的现金流状况。这些举措让投资者看到了企业的稳健发展和良好盈利前景。

其次标注的是该企业法律结构的合规与完善：该企业成立之初，就聘请了专业的法律顾问团队，为企业量身打造了合规的法律架构。在知识产权保护方面，该企业申请了多项国内外专利，通过法律手段有效维护了自身权益。此外，该企业在日常运营中也严格遵守各项法律法规，确保了合规经营。

正是基于上述两点关键性优势，该企业在融资过程中得到了投资者的高度认可和青睐。最终，企业成功获得了数亿元的投资，为未来的发展奠定了坚实的基础。

由此可见，一个拥有清晰盈利路径、良好资产负债表和稳健现金流的企业，能够在投资市场上展现出更强的吸引力。同时，一个合规经营、知识产权保护完善的企业，也能够在未来的发展中走得更远、更稳。因此，对于企业经营者而言，注重财务和法律建设不仅是企业的基本责任，更是实现可持续发展和吸引投资的关键所在。

具有清晰的盈利模式，有利于利润最大化

在投资的世界里，寻找具有清晰盈利模式的企业就像是在茫茫大海中寻找指引航船的灯塔。盈利模式不仅关乎企业能否持续盈利，更是其是否具有长期竞争力的体现。

盈利模式的清晰与否直接关系到企业能否实现利润最大化。一个模糊、不稳定的盈利模式，往往会导致企业收入不稳定、成本失控，从而难以实现盈利。相反地，一个清晰的盈利模式能够帮助企业更好地管理收入和成本，从而实现更高的利润。

"企业的目的只有一个,那就是创造客户。"这句话深刻揭示了盈利模式的核心——以用户需求为导向,创造价值并实现盈利。因此,对于投资者而言,一个具有清晰盈利模式的企业往往意味着更低的风险和更高的投资回报。而对于企业而言,明确自己的盈利模式,优化运营策略,提高盈利能力,是获取投资的关键。

1.盈利模式是企业的"护身符"

清晰的盈利模式是企业成功的基础。它决定了企业如何创造价值、如何转化这些价值为收入,以及如何控制成本和费用。简而言之,盈利模式是企业将投入转化为利润的方式(见图4-1)。

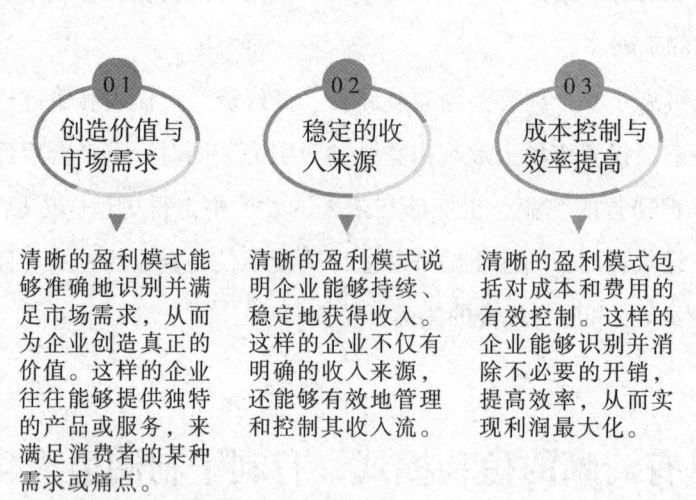

01 创造价值与市场需求	02 稳定的收入来源	03 成本控制与效率提高
清晰的盈利模式能够准确地识别并满足市场需求,从而为企业创造真正的价值。这样的企业往往能够提供独特的产品或服务,来满足消费者的某种需求或痛点。	清晰的盈利模式说明企业能够持续、稳定地获得收入。这样的企业不仅有明确的收入来源,还能够有效地管理和控制其收入流。	清晰的盈利模式包括对成本和费用的有效控制。这样的企业能够识别并消除不必要的开销,提高效率,从而实现利润最大化。

图4-1 盈利模式对企业的重要作用

因此,企业通过明确自己的盈利模式,可以有针对性地开展业务,降低运营风险,提高盈利能力。

例如,腾讯在发展初期,其盈利模式主要依靠短信业务。然而,随着市场竞争的加剧,短信业务的利润空间逐渐缩小。腾讯果断调整盈利模式,将重心转移到在线游戏、广告、虚拟商品等领域,成功实现了业务转型和利润最大化。

2. 盈利模式是投资者的"导航灯"

投资者通常会通过企业提供的商业计划书、年报、路演材料等来了解企业的基本情况，其中最重要的是企业的盈利模式。一个清晰的盈利模式可以让投资者了解企业的盈利来源，预测企业未来的盈利能力，从而做出投资决策。

例如，阿里巴巴在早期融资时，向投资者展示了其独特的盈利模式：通过搭建一个在线的B2B市场，为企业提供产品展示、交易的平台，并通过会员费、广告费等方式盈利。正因为这一清晰的盈利模式，阿里巴巴在短短几年内便实现了快速扩张和盈利，吸引了众多投资者的关注。投资者看中了其稳定的收入来源、高效的成本控制以及巨大的市场潜力，纷纷注资支持其进一步发展。

3. 盈利模式是投资者和企业之间的"桥梁"

一个清晰、有利于利润最大化的盈利模式，有助于企业与投资者之间建立信任。投资者通过了解企业的盈利模式，可以更加准确地评估企业的价值，判断其是否具有投资潜力。而企业通过展示自己的盈利模式，可以增强投资者的信心，提高融资成功率。

例如，国内的共享单车企业，在融资过程中，都会向投资者展示其独特的盈利模式：通过用户租赁自行车，实现广告植入、数据分析等多元化盈利。这一模式无疑得到了投资者的认可，很多共享单车企业因此而成功获得了多轮融资。

综上所述，因为这样的企业不仅能够创造稳定的价值和收入，还能够有效地控制成本和费用，实现利润最大化。因此，对于正在寻求融资的企业来说，应当重视盈利模式的研究和优化，以提高自身的投资价值。同时，投资者也需要深入了解企业的盈利模式，才能做出明智的投资决策。在双方的共同努力下，实现投资回报的最大化，推动企业和社会经济的持续发展。

面临各种风险时的应对策略和管理能力优异

在风起云涌的商业世界中，投资者通常偏爱那些不仅具有市场潜力和增长前景，还能够在面临各种风险时表现出色、展现优秀应对策略和管理能力的企业。因为，在复杂的商业环境中，风险无处不在，企业不可避免地要面对市场风险、竞争风险、技术风险、法律风险等各种挑战。企业如何应对风险，如何在风险中找到机遇，这不仅考验企业的智慧，也是投资者在选择投资项目时的重要参考。

著名管理学家亨利·明茨伯格在其著作中强调，优秀的企业不仅要有应对风险的能力，更要有在风险中寻求机会的智慧。他认为，风险管理不仅仅是避免损失，更重要的是通过有效管理风险，将风险转化为企业的竞争优势。同时他也给出了自己的建议，认为一个能够成功应对风险的企业，必须拥有完备的风险识别机制、灵活的风险应对策略以及高效的风险管理体系。

（1）风险识别机制。企业应具备敏锐的市场洞察力和风险意识，要能够及时发现潜在的风险点，并制定相应的应对措施。

（2）风险应对策略。企业应根据不同的风险类型和程度，制定不同的应对策略，如风险规避、风险降低、风险转移等，确保在风险发生时能够及时有效地应对。

（3）风险管理体系。企业应建立完善的风险管理体系，包括风险管理流程、风险管理团队、风险管理工具等，确保风险管理的专业性和高效性。

一个管理能力优异的企业，往往能够在面临风险时保持冷静、迅速做出决策，并有效地执行应对措施。这样的企业往往能够在风险中寻找到机遇，实现逆境中的成长。试问，这样的企业怎能不获得资本的注意和青睐呢！而能让一家企业具备"在变化中寻找机会，在风险中寻找价值"的能力的，是这家企业的经营者。

一位著名投资人曾表示："投资就是投人，投团队。一个企业的管理团队如果能在风险中保持冷静，制定出有效的应对策略，那么这个企业就具有了成功的基因。"

华为是一家从事通信设备研发、生产和销售的高新技术企业。近年来，面对国际市场的激烈竞争和复杂多变的国际形势，华为始终坚持自主创新，以优秀的管理能力和风险应对策略，赢得了投资者的青睐。

首先，华为在技术创新方面一直保持领先地位。华为投入巨额资金用于研发，不仅拥有了大量的核心技术，还制定了全面的技术创新战略。正是这种持续的技术创新，使华为在面对市场变化和竞争压力时，始终保持着强大的竞争力。

其次，华为在管理方面也有着独特的优势。华为实行严格的绩效考核制度，强调以结果为导向，这使得华为在面临各种风险时，能够迅速做出反应，调整战略，确保企业的稳定发展。

最后，华为非常重视人才培养和激励。华为创始人任正非曾表示："人才是华为的核心竞争力。"华为通过提供有竞争力的薪酬福利、完善的培训体系和多元化的职业发展路径，吸引和留住了优秀人才。这种对人才的重视和投入，也为华为应对各种风险提供了有力保障。

正是由于华为在面临各种风险时展现出的优秀应对策略和管理能力，使华为在资本市场上备受投资者追捧。近年来，华为成功吸引了大量投资，为企业的持续发展提供了强大的资金支持。

总之，面对各种风险时的应对策略和管理能力，是投资者考察企业的重要指标。一个企业在面临风险时，如果能够保持冷静，制定出有效的应对策略，那么这个企业就具有了成功的基因。华为的成功案例，充分证明了这一点。在未来的发展中，华为将继续以其出色的管理能力和风险应对策略，赢得投资者的信任和支持，实现企业的持续发展。

　　对于其他企业而言，华为的经验也具有很好的借鉴意义。在面对风险时，企业应当如何制定应对策略，如何提升管理能力，这些都是值得深思的问题。只有不断提高自身的应对风险能力，提升管理水平，企业才能在面临风险时保持稳健的发展态势，并在逆境中寻找到机遇，实现持续创新和成长。因此，对于正在寻求融资的企业来说，加强风险管理和提升管理能力至关重要。唯有如此，企业才能像航行在惊涛骇浪中的稳健巨轮，即使风浪再大，也能稳健前行，赢得最终的胜利。

第五章
中小企业获得投资的规划与运营

在寻求投资的过程中，中小企业必须精心策划并执行一系列关键步骤。这需要深入分析投资环境，了解并接触投资者。与融资顾问机构合作，全面自我评估，确定融资需求，并将融资做得专业、高效。还需要处理好与投资者的关系，以保证未来继续投资的可能性。

找到最合适的投资者

在创业的道路上，资金的支持无疑是决定项目能否顺利推进的关键因素之一。而寻求投资者的过程，则是一场关于信任、理念、价值和策略的深度对话。那么，如何找到最合适的投资者呢？这不仅需要企业经营者有清晰的战略定位和市场洞察力，更需要他们在众多的投资者中筛选出那些能够提供长期支持，并能够共享发展愿景，且在理念上高度契合的合作伙伴。

1. 如何找到投资者

在如今的创客时代，投资者所面对的各种投资请求实在是太多了。因此，企业必须主动出击且行动正确，才可能获得投资者的注意，切不可有"酒香不怕巷子深"的思想。

找投资者最好的办法是通过可靠的"第三方"引荐，或者是朋友，或者是其他创业者。他们能够提供最直接的信息，比如他们喜欢跟哪家投资者合作，哪家投资者给他们提供过切实可行的帮助。

但上述办法并非总能行得通，求人不如求己，企业必须自行寻找机会。一般投资者都有网站和邮箱，随时恭候融资对象的到来。但获得联系方式只是万里长征迈出的第一步，能否通过网上联系获得投资者的回复，又能否通过回复交流获得面谈的机会，再通过面谈拿到融资，这些才是确定能否顺利完成融资征途的关键环节。

2. 如何找到合适的投资者

各类投资者有很多，企业要有的放矢，进行精准联络，这既能节省时间和精力，也有助于摸准各类投资者的投资倾向和投资策略。

在寻找投资者之前，企业经营者首先要明确自己的项目定位、市场需求和发展规划，由此才能确定融资需求，包括确定融资金额、融资期限、融资用途以及期望的投资者类型等。通过明确融资需求，经营者能够更有针对性地筛选潜在投资者，提高融资效率。

在选择投资者时，企业经营者需要对投资者的背景进行深入的研究。了解他们的投资历史、投资领域、投资经验、行业资源与口碑，以及能否提供除资金以外的其他支持，如战略规划、市场推广等。然后，企业经营者还需要根据自身的项目特点和发展阶段，评估不同类型的投资者。常见的投资者类型，包括风险投资基金、天使投资人、产业投资者、个人投资者以及政府类资金等。每种投资者类型都有其独特的优势和局限，经营者需要综合考量目标投资者的类型是否与自己的发展策略相匹配。

与投资者建立有效沟通是找到合适投资者的关键。企业经营者可以通过参加行业活动、投资人见面会、在线投资平台、投资论坛等方式，扩大人脉圈子，与潜在投资者建立初步联系，主动展示自己的项目优势。同时，经营者还需要准备好商业计划书、路演材料等，以便在与投资者进一步沟通时，充分展示自己的项目优势和发展前景，进行深度交流。

在与投资者沟通的过程中，企业经营者需要保持开放和坦诚的态度，认真倾听投资者的意见和建议，展示自己的专业素养和合作精神。通过深入交流，经营者可以进一步了解投资者的期望和需求，评估双方的合作可能性，包括投资者对项目的认可程度、对创始团队的评价以及双方在理念和策略上的契合度。

在确定了合适的投资者后，企业经营者需要与投资者签署详细的合作协议。这份协议应该明确双方的权利和义务、投资金额、股权结构等重要事项，为未来的合作奠定坚实的基础。

找到合适的投资者后，企业经营者需要与他们建立长期稳定的合作关系。这要求双方在合作过程中保持良好的沟通和信任，共同为企业的发展贡献力量。为了实现这一目标，经营者可以采取以下措施。

（1）定期汇报进展。经营者应向投资者定期汇报企业的运营情况、财务状况和市场动态，以让他们了解到企业的发展状况，增强他们的信心。

（2）尊重投资者意见。对于投资者提出的合理建议和意见，经营者要积极采纳并实施，以展示自己的合作诚意和专业素养。

（3）共享资源。经营者与投资者应分享行业资源、市场渠道等信息，实现资源的互利共享，共同推动企业的发展。

（4）兑现承诺。对于在融资过程中做出的承诺，经营者要尽力兑现，以维护企业的信誉和投资者的利益。

投资者不仅提供资金，他们还提供信任。他们是在为经营者的梦想投票，因此选择合适的投资者就如同选择一位可靠的合作伙伴。

字节跳动在创立初期，便凭借其独特的内容推荐算法吸引了红杉资本的注意。红杉资本作为全球知名的风险投资机构，不仅在资金上给予了字节跳动大力支持，更在战略规划和市场扩张上提供了宝贵的建议和资源。双方在合作中互相支持、共同成长，最终成就了字节跳动的辉煌。这一案例充分展现了投资者与经营者之间不仅仅是资金交换的关系，更多的是一种信任的建立和对共同价值的追求。

通过正确的努力，企业将更有可能找到那些能够提供资金支持、战略资源和行业经验的投资者，共同推动企业的快速发展（见图5-1）。

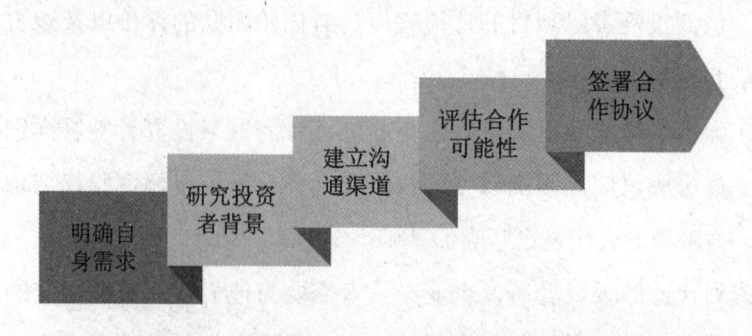

图5-1 寻找与确定最合适投资者的基本过程

企业经营者在寻找投资者的过程中，不仅需要明确自身的需求和定位，还需要对投资者进行深入的研究和评估。通过有效的沟通和合作，经营者可以与投资者建立起长期稳定的合作关系，并共同推动项目的发展和壮大。在未来的创业道路上，愿每一位经营者都能找到能够携手共进、共创辉煌的投资者。

经营者应该提防的六类投资者

在寻求资金支持的过程中，融资企业会面临形形色色的投资者。虽然多数投资者都能够为企业提供所需的资金支持，但也有一些投资者可能会对企业的长远发展造成不利影响。因此，企业在融资过程中应当特别提防以下六类投资者。

1. 投机型投资者

投机型投资者即短视型投资者或追逐短期利益投资者，他们只关注自身的短期利益，而忽视了融资企业的长期价值。

这类投资者会在短期内对融资企业的业绩提出过高的要求，要求企业迅速实现盈利，不在乎企业的成长潜力和品牌建设。他们更倾向于进行高风险的投机性投资，而不是支持企业的稳健发展。因此，融资企业在选择投资者时，应当关注其投资理念和投资策略，避免与投机型投资者合作。

2. 控制型投资者

控制型投资者通常希望在融资企业中拥有较大的话语权，甚至试图掌控融资企业的日常运营。

这类投资者一般会要求获得更多的董事会席位或者其他管理职务，从而能够影响融资企业的经营决策。尽管在某些情况下，控制型投资者的参与可能有助于企业的发展，但过度的控制也将导致企业的创新能力和灵活性受到限制。

同时，控制型投资者凭借在创投市场的丰富经验和主动地位，在签订投资协议时，容易埋藏一些文字陷阱，导致签署不利于融资企业甚至会让融资企业丢掉控制的协议。在形成既定的投资事实后，控制性投资者会在时机成熟时，以当初签订的投资协议为依据，将企业经营者扫地出门。因此，融资企业在选择投资者时，应当确保自己的独立性和自主性，避免与控制型投资者合作。

3. 恶意压价型投资者

恶意压价型投资者的压价行为一方面是要极力扩大投入产出比，另一方面则是为日后进一步与融资企业签署不平等协议做铺垫。

这类投资者看中某项目后，一方面会对融资企业提出一些投资价格和股份占比方面的要求，另一方面则会在融资企业急需资金的情况下提出签订"独家协议"，即该项目不得再接受其他投资者的投资。这并不是一条可以展示投资者看中项目的协议，反而是一条投资者强力约束企业经营者的协议。

因为到了项目正式启动时，投资者可能以"账期未到""周转不开"等理由拖延资金到账时间，而经营者却无法再接受其他投资者。此后，投资者会再以融资企业估值下降为由、拒绝出资或者借机签署不平等协议。因此，这类投资者的恶意压价行为对融资企业的损害非常大，企业在选择投资者时，必须邀请熟悉资金、法务、税务等领域的专业人士进行把关，避免与恶意压价型投资者合作。

4. 法律风险较高的投资者

一些投资者可能存在法律风险或合规问题，如涉及诉讼、欺诈行为或者违反监管规定等。与这类投资者合作势必会给融资企业带来法律纠纷和声誉风险。因此，企业在选择投资者时，应当对其背景进行深入的调查和了解，确保其具有良好的法律合规记录。

必须强调和重申一点：无论企业多么想获得资金，无论投资者开出多好的筹码，只要投资者具有法律风险，融资企业都应及时回避。因为接受了相关资金，企业的未来将会蒙上阴影，法律风险可能随时会爆发，轻则影响企业生存与发展，重则甚至会直接摧毁企业。

5. 缺乏专业能力的投资者

尽管资金是企业发展的重要支持，但仅仅拥有资金并不足以保证企业的成功。融资企业在寻求投资时，更需要投资者提供战略指导、市场资源以及行业洞察等支持。然而，一些投资者却缺乏相关的专业能力和经验，无法为融资企业提供有价值的帮助。与这类投资者合作会导致企业在关键时刻失去宝贵的资源和机会。因此，企业在选择投资者时，应当注重其专业能力和资源背景，确保能够与具有行业经验和战略眼光的投资者合作。

6. 盗取项目型投资者

这类情况在实际操作中出现得很少，但我们仍然将其列举了出来，是因为一旦融资企业遭遇这类投资者而不知道对方的目的，很可能会给企业带来致命打击。

这类投资者通常会表现得对项目充满兴趣，经常与企业经营者深入探讨，让经营者误认为投资者是非常有投资意向的。实际上，这类投资者的目的是盗取融资企业的核心技术、创意和模式，待充分获取项目信息后，或转手倒卖，或自立门户，留下尚不知情的企业经营者慢慢发现，但这就等于宣告了融资企业的"死刑"。因此，企业在选择投资者时，一定要辨识清楚对方的目的，避免让盗窃行为发生。

综上所述，融资企业在选择投资者时必须保持警惕，谨慎选择合作伙伴。企业需要全面评估投资者的投资理念、管理风格、法律合规记录以及专业能力等方面，以确保选择到合适的投资者，为企业的长远发展奠定坚实的基础。

此外，企业还应建立健全的投资者筛选机制，制定明确的合作标准和原则。在与投资者接触和谈判过程中，企业应保持透明和开放的沟通，充分了解投资者的期望和需求。同时，企业还应积极寻求与战略投资者或具有行业经验的投资者的合作，以获得更多的资源和支持，推动企业实现更高的成长和发展目标。

不可否认的是，在未来的金融市场中，企业融资将继续扮演着重要角色。随着市场的不断变化和竞争的加剧，企业需要更加谨慎地选择投资者，以确保自己的利益得到最大化保障。同时，投资者也需要不断提升自己的专业素养和道德标准，以赢得企业的信任和合作。只有双方共同努力，才能实现共赢的局面，从而推动金融市场的健康发展。

与FA机构合作，专业人做专业事

融资顾问（Financial Advisor，FA）机构，是为需要融资的企业提供第三方专业服务的机构，也是企业和投资者之间的"桥梁"。对于那些缺少融资经验的企业经营者而言，在对融资相关事务毫无头绪之时，就应该寻求FA机构的帮助，让专业人做专业事，将融资这项不算容易的工作做好。

优秀的FA机构会站在企业和投资者双方共赢的立场上考虑问题，并尽自己最大努力平衡企业与投资者之间的利益，寻找可以顺利实现投融资交易的平衡点。因此，在融资过程中，FA机构能够发挥巨大作用已经是不争的事实，一些优秀的FA机构更具备为企业赋能的价值（见图5-2）。

一些企业经营者在面临融资状况时，会思考是否需要与FA机构合作，思来想去却也无法确定。其实，当这个问题出现在脑海中时，就意味着企业是需要与FA机构合作的，也说明企业经营者对FA机构的价值持怀疑态度。本节就重点阐述，企业在什么情况下需要与FA机构合作，以及什么样的FA机构是值得信赖的？

第五章 中小企业获得投资的规划与运营

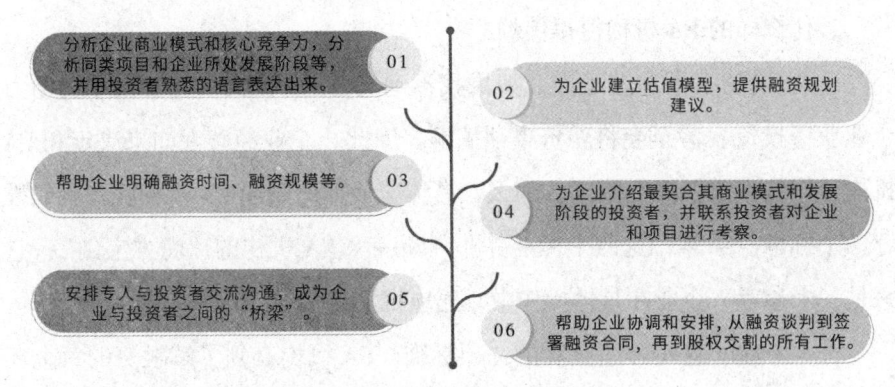

01 分析企业商业模式和核心竞争力,分析同类项目和企业所处发展阶段等,并用投资者熟悉的语言表达出来。

02 为企业建立估值模型,提供融资规划建议。

03 帮助企业明确融资时间、融资规模等。

04 为企业介绍最契合其商业模式和发展阶段的投资者,并联系投资者对企业和项目进行考察。

05 安排专人与投资者交流沟通,成为企业与投资者之间的"桥梁"。

06 帮助企业协调和安排,从融资谈判到签署融资合同,再到股权交割的所有工作。

图5-2 FA机构为企业赋能的六个方面

1. 企业是否需要与FA机构合作

作为企业经营者必须明白,在操作融资的过程中,FA机构不是为了锦上添花,而是为了帮助具有投资价值的企业和项目能够顺利获得所需投资。具体哪些企业或哪类项目需要与FA机构合作呢?

(1)不能清晰说明企业优势的经营者。在融资过程中,能够将企业优势和项目优势清晰透彻地讲清楚,是非常重要的能力。这里所说的"讲"不是简单地描述,而是通过梳理创业过程、提炼融资亮点,让投资者认识到企业是有发展前景的。在FA机构的帮助下,企业可以将最重要的信息以最恰当的方式传递给投资者,以便于投资者更迅速地做出投资判断。

(2)不懂融资的企业经营者。有太多的企业经营者做管理、做业务是优秀的,但对融资相关事宜却知之甚少,或者了解一些,但还算不上精通,对于融资进程起不到促进作用。这并不是某个人的错误,毕竟人不能懂得所有的方面。专业类的事情应该让专业的人去做,FA机构正好可以帮助这样的经营者填补这方面的不足,让企业在融资中少走弯路。

(3)没有时间亲自进行融资的企业经营者。即便一些企业经营者对融资事宜非常精通,但一个人的时间和精力是有限的,企业经营的事务已经占据了大部分精力,找FA机构帮忙融资,可以极大地减少企业经营者在融资上的时间消耗,并且缩短融资周期。

2. 什么样的FA机构值得信赖

FA机构的水平参差不齐，如果找不到优秀的FA机构，不仅不会助力企业获得投资，甚至会将融资事项搞砸。因此，企业经营者如果决定和FA机构合作，一定要擦亮眼睛。那么，具体应该如何判断FA机构呢？我们推荐四个标准。当然，这四个标准并非判断一家FA机构的"尚方宝剑"，它只是一个参考，企业在具体操作中，还应视具体情况而谨慎选择。

（1）专业。这是毋庸置疑的一项标准。FA机构必须了解融资的每个环节，如撰写和修改商业计划书、搭建财务模型、审核投资条款清单、计算估值、安排路演顺序、告知经营者一些路演中的禁忌等，都能体现FA机构的专业程度。

（2）用心。专业代表能力，用心代表态度，FA机构也和其他企业一样，必须能力与态度齐头并进。因此，FA机构需要用心服务企业，全方位地为企业考虑，帮助经营者应对各类突发情况。

（3）高情商。FA机构也和人一样，是有情商标准的。高情商的FA机构体现在两个方面：①对企业经营者会进行心理疏导。②能与投资者友好协商和沟通。优秀的FA机构必然具备"左右逢源"的能力，左右两方即是企业经营者与投资者，应既能帮助经营者稳定心态，也能通过沟通协商判断投资者的内心意向。

（4）深了解。优秀的FA机构虽然是融资方面的行家里手，接手过很多相关案例，但并不代表FA机构会了解每个行业，因此，为了保证团队对所接手企业的所在行业有深入的了解，大型FA机构都会根据行业特征将团队分成若干小组。各小组对自己负责的行业的某一块深入探究，然后各小组将探究成果相互交流，形成对行业的深入了解，只有在此基础上才能为企业经营者提供有价值的帮助。

此外，优秀的FA机构会将关于融资的重要问题有取舍地传递给企业经营者，如可比项目有哪些、这些项目现在处于什么阶段、投资者比较关注哪些数据、投资者的具体情况和优劣势分别是什么等。

虽然，企业希望借助FA机构的力量提高融资效率，但也需要明白，打铁还须自身硬的道理。最终能否融资成功，FA机构的渲染只是辅助作用，还要看企业自身的发展潜力和项目的前景。优秀的FA机构能为企业经营者带来更多附加价值，因此就需要支付相关费用。企业经营者也需要多做一些必要功课，找到适合自己的FA机构展开合作。

接触投资者的时机与方法

接触投资者是企业融资过程中的关键环节，选择合适的时机与方法，往往能够直接影响到融资的成功与否。

选择合适时机的重要性主要有三项：①匹配企业的发展阶段：不同的企业发展阶段需要不同类型和规模的投资，以确保企业获得与自身发展阶段相匹配的资金支持。②提高融资效率：在合适的时机接触投资者，能够避免资源浪费和不必要的挫败。③增强投资者的信心：当企业在合适的时机向投资者展示其成果和潜力时，能够增强投资者对企业的信心。

选择合适方法的重要性同样有三项：①提高曝光度：选择合适的方法，能够让企业更有效地提高投资者群体中的曝光度。②增加联系机会：不同的方法具有不同的特点和优势，选择合适的方法能够增加企业与投资者建立联系的机会。③提高融资成功率：选择合适的方法，能够让企业更准确地定位目标投资者，提高融资成功率。

选择合适的接触投资者的时机与方法，能够为企业带来三项好处：①优化企业形象：通过精心策划和准备，企业可以在接触投资者的过程中展示出良好的形象和实力，提升投资者对企业的认可度和好感度。②节约时间和成本：选择合适的时机与方法，能够避免无效的沟通和尝试，节约企业和投资者的时间和成本。③建立长期合作关系：通过真诚、专业的沟通和合作，企业可以与投资者建立长期的合作关系，为企业的长期发展奠定坚实的基础。

由此可见，通过深入研究和精心策划，企业可以把握最佳时机，选择出最合适的方法，为企业的融资和发展创造更多机会和价值。下面详细阐述接触投资者的时机与方法。

1. 接触投资者的时机

接触投资者的时机，在实际操作中，通常以企业的发展阶段作为划分，毕竟不同发展阶段的企业对应的是不同的资金规模需求。

（1）初创期的企业通常需要寻找种子轮或天使轮的投资者。此时，企业的产品或服务刚刚起步，团队刚刚组建，需要资金支持来实现初步的市场验证和产品开发。这个阶段，创业者可以通过参加创业大赛、路演活动，或者通过社交媒体等渠道，向潜在的投资者展示自己的创业理念和商业计划。

（2）当企业进入成长期，产品和服务已经得到市场的初步认可，团队也相对稳定时，就可以考虑引入A轮或B轮的投资。在这个阶段，企业经营者可以通过行业内的投资机构、孵化器等渠道，接触有投资意愿的投资者。同时，参加行业会议、论坛等活动也是一个不错的机会，这些活动通常会有大量的投资者参加，有助于经营者与投资者建立联系。

（3）当企业进入成熟期，市场份额稳定，盈利模式清晰时，通常需要更多的资金支持来扩大规模或进行多元化发展。这时，经营者可以考虑接触战略投资者或进行IPO等方式，引入更多的资本。这个阶段，经营者可以通过与专业的投资银行、券商等机构合作，寻找合适的投资者。

除了以上三个阶段，还有一些特殊的时机也适合接触投资者，如企业需要进行技术升级、市场开拓、品牌推广等关键时期，或者是企业获得了重大突破、行业出现了新的机遇等情况下，也可以考虑主动寻求投资者的支持。

2. 接触投资者的方法

随着科技的发展、网络的普及和人工智能的崛起，接触投资者的方法也愈加丰富，围绕线下与线上的各类方法也在不断演化着。企业无论选择哪一种方法，都要秉持合作共赢的理念。将投融资双方的利益都考虑在内，才会提升获得投资的可能性。

（1）线上平台。利用线上平台，如天使汇、创投圈等，这些平台聚集了大量的投资者和经营者，是一个非常便捷的对接渠道。在平台上发布商业计划书，主动展示自己的项目，可以让更多投资者了解企业的项目和理念，以此吸引潜在投资者的关注。

（2）线下活动。参加各类创业大赛、行业会议、论坛等活动，这些活动通常是投资者寻找优质项目的重要场所。企业经营者可以在活动中积极展示自己的项目，并与投资者面对面交流，这能够增加双方互相了解的机会。

（3）媒体曝光。通过媒体渠道，如实体广告、杂志、电视等，或者网络新媒体，如微博、抖音等，增加项目的曝光度，吸引投资者的关注。在媒体上发布项目信息、创业故事等，能够提升项目的知名度，增加投资者的兴趣。

（4）私人推荐。通过朋友、导师、合作伙伴等私人关系，获得投资者的推荐。这种方式通常更加直接有效，因为推荐人已经对项目和团队有了一定的了解，能够为投资者提供更有说服力的推荐理由。同时，企业借助他人的信誉和影响力，更容易获得投资者的关注和信任。

（5）邮件联系。通过邮件向投资者发送商业计划书和项目介绍，是一种比较传统的接触方式。在发送邮件前，需要仔细研究投资者的投资领域、投资阶段、投资偏好等信息，确保邮件内容能够引起投资者的兴趣。同时，邮件的撰写也需要专业、简洁、有说服力。

无论是线上平台展示还是线下活动交流，在接触投资者之前，必须对投资者的背景、投资领域、投资阶段、投资偏好等进行深入了解，以判断投资者是否与自己的项目匹配。还要充分准备项目资料和商业计划书等资料，这些资料能够清晰、简洁地介绍项目背景、市场前景、商业模式、竞争优势等关键信息。

在与投资者交流的过程中，企业经营者要保持专业的态度和形象，包括语言表达、仪表仪态、思维逻辑等方面。同时还要保持真诚和透明，不仅包括对项目实际情况的如实介绍，还包括对未来发展的合理规划。

而且，接触投资者并非是一蹴而就的过程，往往需要多次沟通和跟进。企业经营者要有耐心、有恒心地与投资者保持联系，要及时回应投资者的关切和疑问，展示项目的最新进展和成果。通过持续的跟进和沟通，加深投资者对项目的了解和信任，提高融资成功的概率。

总之，在接触投资者的过程中，企业经营者需要抓住合适的时机，选择合适的方法，充分展示项目的潜力和价值。同时，保持专业、真诚和耐心的态度，与投资者建立良好的沟通和信任关系，为企业的融资和发展打下坚实的基础。

处理好与投资者的关系

在企业融资和成长过程中，与投资者建立良好的关系至关重要。这不仅有助于企业获得资金支持，还能为企业提供宝贵的行业经验和战略指导。然而，如何处理好与投资者的关系并非易事，需要双方共同努力和有效沟通。以下将详细论述如何处理好与投资者关系的具体方法。

（1）建立信任。信任是任何关系的基石，企业与投资者的关系也不例外。要建立信任,首先要确保在所有的沟通和交流中保持透明和诚实,包括提供准确的财务信息、坦诚讨论企业的挑战和未来计划等。此外,遵守承诺也是建立信任的关键。如果企业在融资过程中承诺了某些事项,就必须按照承诺去执行,这样才能赢得投资者的信任,以建立长期合作共赢关系。

(2)保持有效沟通。经营者需要定期向投资者提供企业的最新动态,包括业务进展、财务状况和市场状况等。同时,也要主动寻求投资者的反馈和建议,以便及时调整战略和计划。在沟通过程中,还要注意倾听投资者的需求和关切,这样才能更好地理解他们的期望和要求。

(3)设定明确的期望。在与投资者合作之前,企业需要明确自己的融资需求和期望,包括所需的资金规模、使用目的、回报预期等。同时,也要了解投资者的期望和偏好,以便在谈判和合作过程中更好地满足他们的需求。通过设定明确的期望,也可以避免不必要的误解和冲突,为双方的合作打下坚实的基础。

(4)尊重投资者的意见。投资者在企业融资和发展过程中,不仅能提供资金支持,还能为企业提供宝贵的行业经验和战略指导。因此,企业需要尊重投资者的意见和建议。当投资者对企业的战略或管理提出意见时,企业应该认真倾听并考虑其合理性。当然,这并不意味着企业必须完全按照投资者的意愿行事,而是要在充分沟通的基础上做出明智的决策。

(5)保持透明和开放的沟通渠道。企业应该定期向投资者提供财务报告、业务更新和市场动态等信息,以便他们了解企业的运营状况和未来发展。同时,企业也应该鼓励投资者提出问题和建议,并及时回应他们的关切。通过建立透明的和开放的沟通渠道,可以增强投资者对企业的信任感和归属感,从而促进双方的长期合作。

(6)建立长期合作关系。处理好与投资者的关系不仅是为了获得短期资金支持,更重要的是要建立长期合作关系。为了实现这一目标,企业需要在合作过程中积极展示自身的潜力和价值，同时不断提高自身的经营水平和竞争力。此外，企业还应该与投资者保持定期的联系和交流，共同探讨行业趋势和市场机会，以便更好地实现共同利益。

（7）灵活应对变化。企业需要灵活应对各种变化，包括市场变化、政策变化等。当这些变化影响到企业的经营和发展时，企业应该及时与投资者沟通，并寻求他们的支持和建议，以便共同应对挑战，并抓住机遇。

（8）加强团队建设。企业需要加强团队建设，提高员工的专业素质和执行能力。这样不仅可以提升企业的整体竞争力，还可以给投资者留下良好的印象，并增强他们对企业的信心。同时，企业还应通过培训和激励机制等措施，激发员工的积极性和创造力。

综上所述，处理好与投资者的关系需要双方共同努力和有效沟通。通过上述方法的有效实施，可以促进企业与投资者之间良好合作关系的形成和发展。这将有助于企业获得长期稳定的资金支持，并推动企业的持续成长和发展。

面对投资者，经营者该要多少钱

在寻求投资者支持时，经营者面临的一个重要问题是如何确定企业的融资需求，即"该要多少钱"。很多企业经营者在寻找投资时，并不清楚自己需要多少资金，以至于当投资者询问具体融资金额时，经营者的回答是一个跨度相当大的范围，如"1000万元到5000万元都可以"。

经营者往往自己并不知道，这样的回答会对投资者的信心是多么大的打击，因为经营者说不清楚具体的融资数额，就说明对自己的项目缺乏足够清晰的规划和准确的认知，等于摆出了一副"投资者给多少钱，自己就干多少事"的心态。面对这样的经营者，投资者是没有任何投资兴趣的，即便觉得经营者的项目不错,有些前景,但这种经营态度和融资态度,会让投资者望而却步。经营者一定要明白,投资者都是非常精明的行业大佬级人物,而不是"钱多人傻"的代表者。

以"1000万元到5000万元都可以"这样的回答来看,最低与最高相差5倍,差额足足有4000万元。这是非常大的资金差距,不仅意味着融资方式、融资模式、融资难度截然不同,还意味着企业对资金的使用计划、股权估值、资产股评、股权架构、董事会安排、企业决策权等各方面工作都存在极大的不同。因此,该融资多少钱并非一个简单的数字问题,而是涉及企业战略、市场状况、财务状况和未来发展等多个方面的综合考量。下面将详细阐述经营者在面对投资者时,如何确定融资需求的具体逻辑和方法。

(1)明确融资目的。首先,经营者需要明确本次融资的具体目的。是为了扩大生产规模、开拓市场、研发新产品,还是为了偿还债务、优化资本结构等。明确的融资目的有助于经营者更准确地评估所需的资金规模。

(2)分析市场需求。在确定了融资目的后,经营者需要分析市场需求和竞争态势,包括了解当前市场的容量、增长速度、竞争对手的情况等。通过市场分析,经营者可以评估企业未来的增长潜力和市场份额,从而确定所需的资金支持。

(3)评估企业价值。经营者需要通过多种方式评估企业的价值,包括财务分析、市场比较、专业评估等。通过这些评估方法,经营者可以确定企业的合理估值范围,进而为融资需求提供参考。

(4)与投资者沟通。经营者需要向投资者详细介绍企业的战略规划、市场前景和融资目的,以便投资者更好地理解企业的融资需求。同时,经营者也需要倾听投资者的意见和建议,以便更准确地确定融资需求。

(5)风险评估与调整。融资需求的确定并非一成不变。随着市场环境和企业状况的变化,经营者需要定期评估融资需求的风险并进行调整。例如,如果市场环境恶化或企业经营状况不佳,经营者就需要降低融资需求或调整融资计划。通过风险评估与调整，可以确保企业的融资需求始终与实际情况保持一致。

这些逻辑相互关联、相互促进，共同构成了经营者确定融资需求的完整框架和体系。通过遵循这些方法，经营者可以更加准确地确定企业的融资需求。

为了让经营者更清晰融资的大概范围，我们以企业发展的不同阶段为例，将每个阶段应该融资的范围做出划分。当然在具体融资时并非一定要按照这个范围进行，因为有些企业虽然成立多年，但因为一直没有发展起来，其融资的资金范围仍要和初创企业看齐。但我们给出的范围可以起到参考作用，且为了说明得更加具体，融资轮次的划分也更为详细（见表5-1）。

表5-1 企业不同发展阶段的融资金额范围

融资轮次	企业发展阶段说明	融资金额范围	备注
种子轮	融资项目通常停留在思路极端，缺乏成熟团队与具体产品	50万~200万元	融资实践中，这两个轮次常合二为一
天使轮	创业团队初步建立，商业规划初具雏形，融资项目开始运转	300万~500万元	
Per-A轮	融资项目具有一定规模且运营数据良好，但项目发展水平仍未达到行业前列	500万~2000万元	融资实践中，这两个轮次通常不做拆分
A轮	产品已经定型，商业模式已经确立，企业在业内具有一定的地位和口碑	2000万~1亿元	
B轮	融资项目发展前景良好，甚至超预期，但A轮融资仍处于"烧钱"阶段	1亿~3亿元	企业需要通过拓展新的业务链实现更快盈利
C轮	融资项目运营成熟，企业处于细分领域，接近龙头或龙头地位，企业目标是上市	3亿~数十亿元	由于上市审核严格，企业需要大量资金完成商业闭环

续表

融资轮次	企业发展阶段说明	融资金额范围	备注
C+轮	企业已经是细分领域龙头，接近独角兽地位	数十亿元以上	融资大多属于战略级投资

注1：表中的融资金额单位皆为"人民币"。

注2：表中各轮次的融资数额仅供参考，具体融资应以企业实际情况为准。

第六章
企业获得千万投资的十大策略

企业在追求千万级投资时，有十大投资策略可供选择，包括风险投资、股权融资、债权融资、项目融资、商业信用融资、无形资产抵质押、互助担保联盟、政府基金、国家创新基金、国际市场开拓资金。这些策略可以匹配不同领域，希望获得资金的中小企业。

风险投资：为中小企业打开资本窗口

风险投资的英文全称是 venture capital，因此也称为"VC 投资"，是指资本向融资企业进行股权投资，以期所投资企业发育成熟或相对成熟后，通过转让股权获得资本增值收益的投资方式。

风险投资必然与风险相伴，失手的情况常有发生。因此，风险投资者无论是个人还是机构都堪称是职业金融家，对市场和资本的敏感度非常高。可以说，风险投资看中的基本都是有潜力的企业，风投聚集的行业一定是有极大利益的。有这样的职业金融家和风险控制家为企业投入资金，融资企业获得的绝不只资金，还有风险控制的经验。

风险投资可以涵盖处于种子期、起步期、成长期、扩张期等创建与发展过程中的成长性企业，但主要是成长性的中小企业。也就是说，风险投资比较偏重于天使轮和天使轮之后的次轮（A 轮或 B 轮）投资。那么，哪些类型的风投会参与天使轮或次轮投资呢？

（1）微型风险投资基金：通常只有一位普通合伙人的小规模风险投资机构，每只基金的总规模一般不超过 1500 万美元，也常被看作天使投资。常规做法是跟其他小微风险投资或天使投资人合投，几乎只投资处于种子期阶段的创业企业。

（2）种子期风险投资基金：比微型风险投资基金规模大一些，但一般不超过 1.5 亿美元。专注于成为创业企业的第一笔来自机构的资金，极少投资 A 轮以后的融资企业。常规做法是在所投资企业的董事会占据一个席位。

（3）早期风险投资基金：规模通常为 1.5 亿～3 亿美元，主要投资种子期和 A 轮的融资企业，偶尔也参与 B 轮投资。常规做法是在所投资企业的后续融资中按照等比例原则追加投资。

（4）中期风险投资基金：规模通常为3亿~10亿美元，主要投资于B轮，也可能参与B轮之后轮次的投资，投资时点主要选择在融资企业的商业模式已经清晰但需要资金注入加速发展或维持成长性时，因此也被称为"成长期投资者"。

以上是参与融资企业天使轮或A轮、B轮投资的各类风险投资。但并不是说风险投资就只能参加B轮及以前的投资，一些大型风险投资机构也会在适当时机下参与B轮以后的融资。最典型的就是规模在10亿美元以上的大型风险投资基金，投资时点主要选择在融资企业已经获得成功并完成其预计的IPO之前的最后一次融资时。包括专门的后期风险投资基金，也可以是对冲基金、主要从事二级市场投资的跨界投资者、与大型银行相关的基金以及主权财富基金。

无论是专注于哪个阶段的风险投资，其在选择目标企业时，都会要求融资企业的产品具备三大特征，即代表先进的技术方向、具有广阔的市场前景、优势可持续的项目经营。

如今，国内创投业对于"融资企业也要有利润"的立场越发坚定，投资回报要求也显得比过去更急迫。要技术，更要市场，是风险投资审查融资企业的通行标准。

同时，风险投资还非常关注融资企业的经营团队，并且倾向于"少数派"占上风的企业。关于这一点，软银创始人、同时也是著名风险投资人孙正义的"少数派"理论是最好的解释。孙正义认为融资企业必须是优秀的少数派占据主导位置，他说："一支优秀的经营团队意味着企业已经成功了一半，不应当以创业者的出身来判定他是否优秀。"

国内风险投资经过多年强势发展，已经完全脱离了曾经"海归派至上"的认识。如今的风险投资既喜欢具有本土化意识的"海归派"，也喜欢具有世界眼光的本土创业者，二者都是所属群体中的少数派。其实，不只是风险投资，其他各类投资者通常都青睐那些由优秀的少数派领导者创立的企业。

一家活跃的风险投资，每年要接触超过1000个项目，这1000个项目中平均只有10%能够通过初筛，有机会跟风险投资进行面对面详细交流。这些通过初筛的10%中，只有10%能得到风险投资的投资意向书并进行尽职调查，最后只有3～5家能够通过风险投资委员会的投票，获得投资。由此可见，虽然是风险投资，但他们也在尽力避免不必要的风险，只选择值得冒风险的企业给予投资。

股权融资：低成本撬动高额投资

融资企业的股东愿意出让部分企业所有权（股权），通过企业增资的方式引进新的股东，同时使总股本增加的融资方式，就是股权融资。股权融资所获得的资金，企业无须还本付息，但新股东将与老股东同样分享企业的盈利与增长。因此，股权融资被认为是低成本撬动高投资的最好方式，是目前主流的融资方式。一些前期发展较好，进入快速成长期的企业都会选择股权融资。

股权融资分为以下三种类型。

1. 股权质押融资

融资企业以股权（股票）作为质押标的物，向银行申请贷款或为第三者的贷款提供担保。按质押标的物的不同分为动产质押和权利质押。股权质押属于权利质押的一种，是市场上补充流动性的常用方式。

通常情况下，如果融资企业选择股权质押，其融资会打一些折扣。例如，某公司向银行融资500万元，需要质押的股权价值则要在1000万元以上，折扣率在3～6折不等。

由于股票市场波动较大，若股票价格上涨，将来的事情都好解决。如果股票价格下跌，企业就有可能出现无法偿付本金的风险。为尽可能降低风险，银行会设定股权质押预警线（160或150）与平仓线（140或130）。例如，一只个股质押时市值为10元/股，质押率为5折，预警线为160，平仓线为140。那么，预警价位为：10元×0.5×1.6＝8元，即股价下跌20%即为预警价。平仓价位为：10元×0.5×1.4＝6元，即股价下跌40%银行就可以强制平仓，以保住本金。

其实，投资者也不愿意强制平仓，如果股票价格一直下跌，且融资企业发展仍具有前景，投资者会先要求融资企业补仓。此时，融资企业就要考虑是继续补仓还是就此平仓，因为补得多了，若经营仍不见好转，股价不升，到时很可能会失去对企业的控制权。

由此可见，虽然股权质押已经成为企业补充资金流动性的常用方式之一，但风险较大，特别是上市企业的股票质押。

2. 股权增量融资

也称为"增资扩股融资"，是权益性融资的一种形式，是有限责任公司和股份有限公司上市前常用的融资方式。

有限责任公司的增资扩股是指企业增加注册资本，原股东有权优先按照实缴的出资比例认缴出资，如果全体股东约定不按照出资比例优先认缴出资，则由新股东出资认缴，使企业的资本金增强。

股份有限公司的增资扩股是指企业向特定对象发行股票募集资金，原股东增加投资扩大股权或新股东投资入股，以增加企业的资本金。

股权增量融资有如下几个优点。

（1）扩大融资企业的股本规模，提高企业实力、影响力及信誉度，降低企业的资产负债率，并优化资本结构。

（2）所筹集的资金属于自有资金，与负债资本相比，既可以提高融资企业的信贷能力，还没有还本付息的危险。

（3）吸收直接投资，不仅可以筹集现金，还能获得所需的先进设备和技术，能尽快形成生产经营能力。

（4）由于外部股东的加入，可以建立有效的企业治理结构及激励与约束机制，并调整股东结构和持股比例，建立股东之间的制约机制。

（5）融资企业可以根据自身经营状况向投资者支付报酬，没有固定支付的压力，财务风险小。

（6）能够增加融资企业的净资产和现金流量，有利于企业加大固定资产的投资，提高产能、销售收入和净利润，为上市创造条件。

3. 私募股权融资

私募股权投资的英文全称是 Private Equity，简称 PE。私募具体是指有一定股权投资经验的股权投资管理人（通常为 GP）通过私下募集资金的形式向有钱的人（通常称为 LP）融一笔钱。

从投资方式角度看，PE 通过私募形式对非上市企业进行的权益性投资，在交易实施过程中附带考虑了将来的退出机制，即通过上市、并购或管理层回购等方式，出售持股获利。

从融资方式角度看，PE 融资是相对股票公开发行而言，以股权转让、增值扩股等方式，通过定向引入累计不超过两百人的特定投资者，使企业增加新的股东，来获得新资金的行为。

可以总结为，私募股权投资机构向具有高成长性的非上市企业进行股权投资，并提供相应的管理和其他增值服务，以期通过 IPO 或者其他方式退出，实现资本增值的资本运作过程（见图 6-1）。

融资企业在什么阶段需要进行私募股权融资呢？除了极少数专门做投资金额不超过 1000 万元的早期项目的 PE，绝大多数 PE 感兴趣的私募交易单笔门槛一般在 2000 万元以上，尤其是上亿级别的私募交易竞争最为激烈。因此，如果企业仍在初创阶段，仅需要数百万元级别的融资，不建议花精力找 PE，而应寻找风险投资。

图6-1 私募股权融资的特点

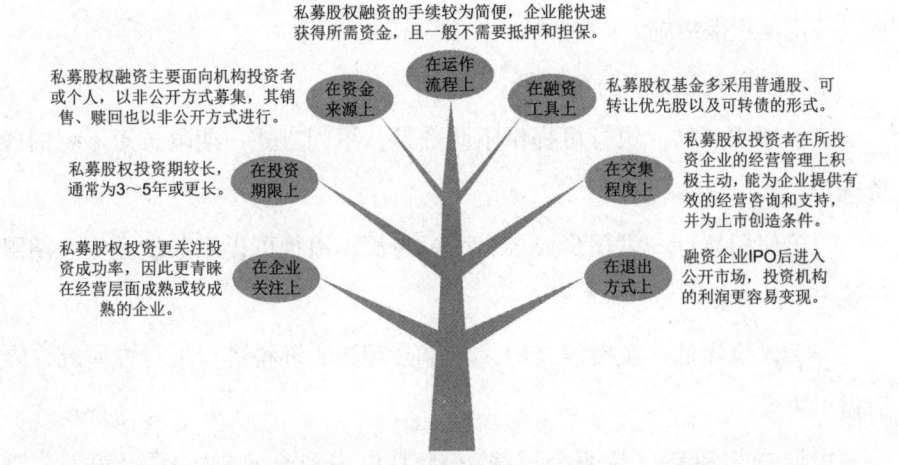

债权融资：多种模式带来资本杠杆正效应

企业以举债的方式进行融资，承担使用所融得资金的利息，且在借款到期后向债权人偿还资金的本金，就是债权融资。

债权融资方式主要用于解决企业资金短缺的问题，无法用于包括各国间股票、债券、证券等交易，以及一国政府、居民或公司在国外的存款的开支。

债权融资具有财务杠杆的作用，能够提高融资企业所有权资金的资金回报率。除在一些特定情况下，债权融资可能带来债权人对融资企业的控制和干预的问题，一般不会对融资企业产生控制权的问题。

债权融资的方式有很多，根据总结实操案例，可知以下七种最为常见，融资企业在选择时可根据实际情况酌情选择。

1. 银行融资

银行贷款是最常见的债权融资方式之一。企业可以向商业银行、政策性银行或其他金融机构申请贷款，用于满足其运营、扩张或投资需求。银行贷款通常会根据企业的信用记录、财务状况和还款能力来评估,并要求提供一定的担保措施。

银行融资具有如下三个特征。

(1)形式多样。银行可提供不同数量、不同方式、期限长短不一的融资选择。

(2)信用累计。可积少成多、续短为长,银行可提供数量大小、期限长短不一的贷款。

(3)风险降低。在授信之前,专家会对调研资料进行可行性研究,之后做出决策。

短期贷款利率分为两个层级:6个月以内和6~12个月。短期贷款执行合同利率,不分段计息;中长期贷款利率分为三个层级(1~3年、3~5年、5年以上),实行分段计息。

2. 信用担保

信用担保融资是指借款人通过第三方信用担保机构为其提供的担保,其基本特质是保障债权实现,促进融资和其他生产要素的流通。这种融资方式的核心在于担保机构为借款人提供信用增级,降低金融机构的风险,从而促使贷款的成功发放。

具体操作模式是:企业在融资过程中,依据合同约定,由担保机构为债务人提供担保,在债务人无法依约履行债务时,由担保机构履行合同约定的偿还责任,以保障债权方的债权实现。

信用担保具有信用体系建设、使正确统一的信用信息被金融机构和贷款企业共同分析和使用的作用。

假设某小微企业因业务扩展需要,计划向银行申请一笔100万元的贷款。然而,由于该企业规模较小、缺乏足够的抵押物,很难直接获得银行的贷款。此时,企业可以选择通过信用担保机构进行融资。

担保机构在收到该企业的担保申请后,会对其进行严格的信用评估和审查。如果企业符合担保条件，担保机构会与其签订担保合同，并为其向银行提供担保。随后，银行在收到担保机构的担保承诺后，再经过调查审核后，可能会向企业发放贷款。

在这个过程中，担保机构起到了关键的作用。不仅为融资企业提供了信用增级，降低了银行的贷款风险，还通过其专业的风险评估和管理能力，帮助融资企业成功获得所需的贷款。同时，由于担保机构的介入，该企业还获得了较低的贷款利率和更长的贷款期限，有效降低了其融资成本。

总之，信用担保融资是一种有效的融资方式，可以帮助融资企业克服信用障碍，获得所需的资金支持。同时，通过担保机构的参与，还可以降低金融机构的风险，促进金融市场的稳健发展。

3.融资租赁

融资租赁是一种特殊的金融交易方式，涉及租赁企业、承租方和供应商三方。承租方需要某种设备或资产，但并不希望或无法一次性支付全款购买，因此通过与租赁企业合作，以分期支付租金的方式获得设备使用权。租赁企业则需购买该设备，再将其租赁给承租方使用。当租赁期满时，承租方有权选择购买该设备或将其退回给租赁企业。

具体操作模式是：租赁企业依据承租方的请求，先与承租方订立租赁合同，再与第三方供应商订立供货合同，租赁企业依据供货合同购买承租方选定的设备，再依据租赁合同将购买的设备出租给承租方，并向承租方收取一定的租金。

中小企业采取融资租赁方式所享有的还款期限可达三年，而还款则可选择分期的方式，能极大减轻中小企业的短期资金压力。融资租赁有以下四个特点。

（1）所有权与使用权分离。在融资租赁中，租赁企业拥有设备的所有权，而承租方则获得设备的使用权。

（2）融资与融物相结合。融资租赁既是一种融资方式，又是一种融物方式。承租方通过支付租金的方式获得设备使用权，从而实现了融资目的；而租赁企业通过购买设备并出租给承租人，实现了融物目的。

（3）租金的分期归流。承租方按照约定分期支付租金，有助于缓解其一次性支付全款的压力。同时，租金的分期归流也使得租赁企业能够逐步收回投资。

（4）租赁期满选择权。在租赁期满时，承租方通常有权选择购买该设备或将其退回给租赁公司。这给了承租方一定的灵活性，可以根据实际需要做出选择。

假设某航空公司需要购买一批新的飞机来扩大机队规模，但一次性支付全款会对公司的现金流造成较大压力。为了解决这个问题，航空公司决定采用融资租赁的方式来进行规模扩大。

航空公司与一家租赁公司达成协议，由租赁公司购买这批飞机，并将其租赁给航空公司使用。航空公司按照约定分期支付租金，租期为10年。在租期届满时，航空公司有权选择以象征性价格购买这些飞机或将其退回给租赁公司。

通过这个案例，航空公司成功实现了设备的融资租赁，既获得了所需的飞机使用权，又避免了一次性支付全款带来的现金流压力。同时，租赁公司也通过购买并出租飞机实现了融物目的，并从中获得了稳定的租金收益。

4.信用证融资

信用证融资是国际贸易中一种常见的融资方式，它涉及银行、进口商和出口商三方。

具体操作模式是：商业银行（开证行）按进口企业（买方）的请求，向出口企业（卖方）开放信用证，承诺在出口商提交符合信用证条款的单据时，向其支付一定金额的款项。这种融资方式允许进口企业在收到货物之前支付货款，为出口企业提供了资金保障和信用支持。

因在国际贸易活动中买卖双方很难建立完全信任，买方担心预付款后卖方不能准时发货，卖方则担心在发货后买方不付款。因此，需要两家银行充当买卖双方的保证人，以银行信用替代商业信用（见图6-2）。银行在这一过程中所用的工具就是信用证。

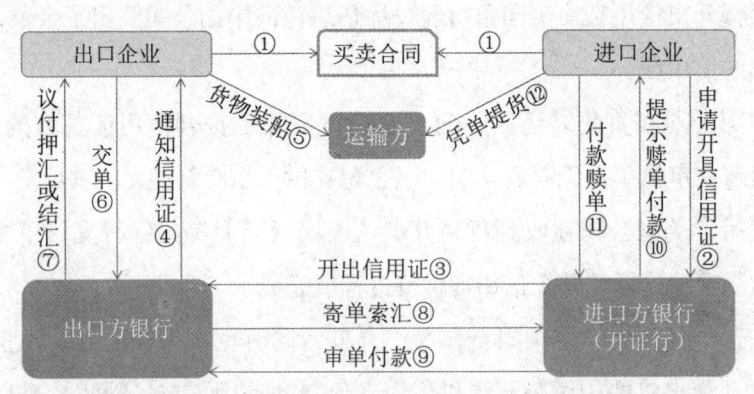

图6-2 信用证产生的流程

注：信用证融资方式发生在如图6-2所示的第②个环节。进口商前往所在地银行开证（需提交环节①的合同和相关申请书），进口方银行一般要求企业缴纳信用证担保合同金额的20%～30%当作保证金，直到进口方银行收到信用证对应的货物单据之后，才通知进口商付款赎单。

通过上述图示，可以明确看到信用证融资的以下几个特征。

（1）银行信用替代商业信用。在信用证融资中，银行作为中介方，承担了付款责任。这意味着出口企业面临的信用风险将会大大降低，因为即使进口企业拒绝付款，银行也必须按照信用证的规定履行付款义务。

（2）单据交易。信用证融资是一种单据交易，银行在审核单据符合信用证条款后付款。这种交易方式使得进出口双方可以在没有直接联系的情况下进行贸易，降低了交易风险。

（3）融资便利。信用证融资为进出口双方提供了便利的融资条件。出口企业可以在提交符合要求的单据后获得银行的付款，而进口企业可以在收到货物之前通过银行融资支付货款。

（4）风险控制。银行在开出信用证前会对进口企业进行信用评估，确保其具有还款能力。同时，信用证中的条款也会对进出口双方的行为进行约束，降低了交易风险。

假设中国的一家出口公司与美国的一家进口公司达成了一项价值100万美元的货物交易。为了降低交易风险，中国公司要求美国公司找美国的一家银行开出信用证。美国银行经过评估后，向中国公司开出了金额为100万美元的信用证。

中国公司在货物装运后，向美国银行提交了符合信用证条款的单据。美国银行在审核单据无误后，向中国公司支付了100万美元的款项。

随后，美国公司在收到货物并确认无误后，向美国银行支付了100万美元的款项。这样，整个信用证融资过程就完成了。

在这个案例中，美国银行作为中介方，同时也作为开证行，承担了付款责任，为出口的中国公司提供了资金保障和信用支持。同时，进口的美国公司也得到了付款缓冲期，实现了货物的顺利交易。

总之，信用证融资是一种有效的国际贸易融资方式，通过银行信用的介入，降低了进出口双方的交易风险和信用风险，为双方提供了便利的融资条件。

5.应收账款融资

应收账款融资是指企业将其应收账款转让给金融机构，以获取资金的方式。这种融资方式通常适用于那些有大量应收账款，但资金流动性较差的企业。应收账款是企业因销售商品或提供服务而应向客户收取的款项，通过将其转化为流动资金，企业可以缓解资金压力，优化现金流，以支持其运营或投资活动。

具体操作模式是：企业将其应收账款转让给金融机构（如银行、保理公司等），或以其作为抵押物获得贷款的一种融资方式。金融机构在评估应收账款的质量和风险后，会向企业提供相应的融资支持。

假设某制造企业拥有一笔价值1000万元的应收账款，该应收账款的付款期限为3个月。由于企业需要支付工资、采购原材料等运营成本，急需资金周转。

为了解决这个问题，该企业决定采取应收账款融资的方式，将这笔应收账款转让给了一家保理公司。保理公司在评估了应收账款的质量和风险后，决定向该企业提供800万元的融资支持，期限为2个月。

在融资期限内，该企业利用这800万元资金支付了运营成本，并成功实现了其他销售收入。当应收账款到期时，保理公司收到了1000万元的款项，并从中扣除了融资本金和利息。

这个案例中，该制造企业通过应收账款融资成功解决了资金周转问题，优化了现金流。保理公司作为金融机构，在评估风险后提供了融资支持，实现了风险共担。这种融资方式具有一定的灵活性，经营者可以根据企业的实际需求进行调整

6. 资产证券化融资

资产证券化是企业将其资产池（如应收账款、租赁资产等）转化为可交易证券的过程。通过资产证券化，企业可以将流动性较差的资产转化为现金流，提高资产使用效率。

资产证券化融资的最大优势是通过使用风险隔离与信用增级，帮助融资企业摆脱信用条件的限制，帮助低级别信用的融资企业以高信用级别的融资成本获得融资。

资产证券化融资中，企业将资产（通常是应收账款、贷款、租赁合约等）进行证券化，而不改变其自身的负债结构。这样，企业可以通过资产证券化实现资产的快速变现，同时保持其负债的稳定。因此，资产证券化融资属于表外融资，即不在企业的财务报表上展现交易的资产与发行的证券。这不仅让企业的资产负债表更加紧凑，还可以在数字上提升企业表现，给企业带来良好声誉。

某银行拥有一大笔住房抵押贷款，这些贷款虽然具有稳定的现金流，但流动性较差。为了改善资产结构，降低流动性风险，该银行决定采用资

产证券化融资方式。

首先，该银行将这笔住房抵押贷款组成一个资产池，并对其进行信用评级和信用增级。然后，该银行设立一个特殊目的机构（SPV），将资产池转让给SPV。SPV作为发行人，以资产池的未来现金流为支撑，发行住房抵押贷款支持证券（MBS）。这些证券在市场上进行公开销售，吸引了众多投资者的关注。

通过这个案例可以看到，通过资产证券化，发起人可以将资产池中的信用风险分散到众多的投资者身上，从而降低了单一投资者的风险。但是，资产证券化涉及一系列的结构化金融安排，如设立特殊目的机构（SPV）、进行信用增级、发行证券等，这些安排使得资产证券化成为一种复杂的金融工具。

7. 票据贴现融资

票据贴现融资是指企业将其持有的未到期的商业票据（如银行承兑汇票）转让给银行或其他金融机构，以获得即时的现金流。票据贴现的手续较为简便，企业只需提供相关的票据和必要文件即可。因此，票据贴现可以在较短的时间内完成，是一种便捷的短期融资方式，尤其适用于需要快速资金周转的企业。企业票据贴现的利率通常较低，企业可以获得相对较低的融资成本。更为重要的是，票据贴现主要依据票据本身的信用，而不是企业的整体信用，对于信用评级较低的企业来说，这是一种可行的融资方式。

一家小型制造企业收到了一张面值为100万元的银行承兑汇票，但需要在一个月后才能兑现。由于企业有支付工资、购买原材料等紧急支出，急需现金。此时，企业就可以选择将这张汇票进行贴现，以获取即时的现金流。

该企业与一家银行达成贴现协议，银行按照汇票的面值和一定的贴现率计算出贴现金额，并扣除贴现利息后，将剩余的金额支付给企业。企业获得了所需的现金流,成功解决了短期的资金问题。

虽然票据贴现融资具有诸多优点,但也存在一些潜在的风险和挑战。例如,企业需要确保持有的票据真实有效,避免对方出现欺诈行为。此外,贴现利率的波动也可能影响企业的融资成本。因此,企业在使用票据贴现融资时,需要谨慎选择贴现机构,了解相关的风险,并采取适当的风险管理措施。

项目融资:"画饼赊账"获得资金

项目融资是一种无追索权或有限追索权的融资方式,其基础是项目的未来现金流量和资产。投资者的主要关注点在于项目的未来收益和资产价值,而非项目发起人(即融资企业)或主办方的信用背景。这意味着,如果项目出现问题,投资者通常只能追索项目的资产,而不能追索到项目发起人(即融资企业)或主办方的其他资产。

这种融资方式广泛应用于需要大量资金,且回报周期长的项目,如基础设施建设、能源项目、矿产开发等。项目融资的特征有如下几种。

(1)融资依据。因为项目融资的核心是项目本身,融资的依据是项目的预期收益和还款能力,因此项目的经济效益和可行性是融资决策的关键因素。

(2)融资结构。项目融资往往涉及多个利益相关者,包括项目发起人、承包商、供应商、金融机构等,因此需要构建复杂的融资结构来平衡各方利益。

(3)融资期限。项目融资的期限较长,通常与项目的实施周期相匹配,而融资期限的长短则会直接影响融资的成本和风险。

(4)融资成本。项目融资的成本较高,包括融资利息、融资费用、信用风险溢价等。融资成本的高低会影响项目的整体经济效益。

（5）融资风险。项目融资面临多种风险，包括市场风险、信用风险、技术风险、政策风险等。项目融资通常涉及大量资金和高风险项目，因此投资者往往期待获得较高的回报。

由上述分析可知，项目融资会涉及复杂的融资结构、较长的融资期限和较高的融资成本。虽然如此，但项目融资仍是大型项目获得资金的首选方式。

以某大型水电站项目为例，该项目总投资额达到数十亿美元，需要建设大坝、发电机组、输电线路等基础设施。由于项目规模庞大、投资周期长、回报慢，传统的融资方式难以满足资金需求。因此，项目方选择采用项目融资的方式，来吸引多家金融机构参与。

在该项目中，金融机构对项目进行了全面的评估，包括项目的市场需求、技术可行性、环境影响、风险管理等。评估结果显示，该项目具有良好的市场前景和盈利能力，但同时也存在一定的风险，如建设周期长、政策变化等。为了降低风险，金融机构要求项目方提供一系列担保措施，如土地使用权、设备抵押、第三方担保等。

最终，通过多方协商和谈判，项目方与金融机构达成了融资协议。该协议明确了项目的投资规模、融资结构、回报机制等关键要素，为项目的顺利实施提供了有力保障。在项目运行过程中，金融机构还会对项目进行持续的监管和评估，以确保项目的健康发展和按时还款。

项目融资是一个复杂且细致的过程，需要项目团队具备丰富的专业知识和良好的市场洞察力。同时，投资者和融资机构也需要对项目进行严格的评估和监督，以确保自身利益不受损害。项目融资的具体流程如下。

第1步：项目筛选与评估——对项目进行初步筛选和评估，确定项目的可行性、市场前景、盈利潜力等因素。这一步通常由项目发起人（即融资企业）或主办方进行，也可邀请专业的投资顾问或金融机构参与。

第 2 步：组建项目团队——成立专门的项目团队，负责项目的融资、建设、运营等各项工作。项目团队需要具备丰富的行业经验和专业知识，并能够妥善处理项目融资过程中的各种问题。

第 3 步：设计融资方案——根据项目的特点和融资需求，设计合适的融资方案，包括融资方式、融资期限、融资成本等。

第 4 步：编制融资文件——根据项目评估结果和确定的融资方案，编制详细的融资文件，包括项目建议书、可行性研究报告、商业计划书等。这些文件需要充分展示项目的优势和市场前景，来吸引潜在投资者的关注。

第 5 步：寻找投资者和融资机构——通过各种渠道寻找潜在的投资者和融资机构，包括银行、保险公司、基金公司、证券公司等。与这些机构建立联系，了解他们的投资偏好和融资条件，为项目融资做好准备。

第 6 步：协商融资条件——与潜在投资者和融资机构进行深入的谈判和协商，明确各项融资条件，如规模、期限、利率、还款计划等关键要素。在协商过程中，需要充分考虑项目的实际情况和市场环境，以确保融资条件既能满足项目需求，又能被投资者接受。

第 7 步：签订融资合同——在达成融资协议后，投融双方需要签订正式的融资合同。合同应明确各方的权利和义务、违约责任、风险分担等事项，为项目的顺利实施提供法律保障。

第 8 步：资金到位与项目管理——在融资资金到位后，项目团队需要按照融资合同和相关规定，合理使用和管理资金。同时，还需要密切关注项目的进展情况和市场变化，及时采取相应措施，来应对各种风险和挑战。

第 9 步：项目还款与后续管理——在项目运行过程中，需要按照融资合同的约定按时还款。还款来源主要包括项目的运营收益、政府补贴等。此外，还需要进行项目的后续管理，包括设备维护、升级改造等，以确保项目的长期稳定运行。

通过以上步骤的介绍可以看出，项目融资是一种既特殊又常态化、既复杂又便于运作的融资方式，项目融资的成功与否取决于项目的可行性、经济效益、风险管理和融资结构的设计，以及融资流程的正确实施。

商业信用融资：限制条件最少的筹资方式

商业信用融资是指企业在正常的商品交易活动中，由于延期付款或预收账款所形成的企业间的借贷关系。这种融资方式不需要第三方金融机构的介入，主要依赖企业间的信任和合作关系。商业信用融资是企业短期资金来源的重要渠道之一，对于促进商品流通、加速资金周转、提高资金使用效率具有重要意义。

商业信用融资可谓是企业付出成本较少，且限制条件最少的债务融资方式了，不需要企业抵押或担保，就能直接打开融资的大门。

其实，这种商业信用融资的方式，在现实中是非常常见的。例如，健身俱乐部、发廊、美容院、饭店等向顾客出售的预付会员卡，会员可以享受一定的优惠折扣。这种营销方式，并非只有中小企业或个体适用，大型企业也同样适用，就像中国移动、中国联通也会不断推出各类预存话费享受优惠的营销策略。这就说明，商业信用的产生来自企业的商业行为。企业在供需关系的基础上，与用户之间形成了信用基础，而无须抵押、担保。

商业信用融资有多种形式，按照融资时企业在商业流程中扮演的不同角色，可以分为买方商业信用融资和卖方商业信用融资。前者是企业在购买交易中从卖方获得的资金使用权，主要包括应付账款融资、应付票据融资；后者主要是通过增加预收账款的方式进行。下面对这四大类商业信用融资方式进行详细解读。

1.应付账款融资

应付账款是企业在向外采购中收到商品、服务后,尚未支付有关款项,而对销售方所形成的欠款。因此,应付款项融资是企业利用与销售方之间的应付账款进行融资的一种形式,又称为"贸易融资"或"供应链融资"。

这种融资方式允许企业将其与销售方之间的应付账款作为担保或转让给金融机构,从而获得短期的流动资金。

一家服装制造企业在生产高峰期需要大量的原材料进行生产,但由于资金流动性紧张,难以一次性支付所有供应商的货款。为了解决这个问题,该企业与一家金融机构签订了融资协议,将其与主要供应商之间的应付账款作为担保。金融机构则根据企业的信用记录、供应链稳定性,以及应付账款的具体情况,为企业提供了一定的融资额度。该企业则利用这笔资金进行原材料的采购和生产活动,同时按照与金融机构的约定,分期支付融资本金和利息。

通过应付账款融资,该企业不仅解决了短期资金流动性问题,还优化了资金结构,降低了资金成本。同时,金融机构也通过这种方式拓宽了业务领域,这就实现了双赢。

2.应付票据融资

应付票据是企业延期付款商品交易时开具的反映债权债务关系的规范票据,一般分为商业承兑票据和银行承兑汇票两种远期票据,支付期限最长为6年。

应付票据融资是指企业利用其开出的商业票据(如本票、支票等)进行融资的一种方式。企业可以将这些未到期的应付票据转让给银行或其他金融机构,以获得所需的现金流。

一家中型制造企业为供应商支付货款时,经常采用开商业票据的方式。然而,随着业务规模的扩大,企业需要在短期内支付大量应付票据,导致现金流紧张。为了缓解资金压力,该企业选择将其持有的未到期应付票据进行融资。

企业与一家银行达成融资协议，银行根据应付票据的面值、企业的信用状况，以及票据的到期日等因素，确定融资额度和利率。随后，银行向企业支付融资款项，企业则按照约定在票据到期日向银行支付款项。通过这种方式，企业成功解决了短期的资金问题，同时优化了资金结构。

因此，应付票据融资作为一种供应链金融领域的重要融资方式，有助于企业优化资金结构、提高资金使用效率。

3. 预收账款融资

预收账款是企业在正式销售和服务前，收取用户部分或全部款项所形成的负债。预收账款能使卖方获得一定时期内，更多资金的使用权，当然也给买方带来了一定的机会成本，如买方无法改变原有决定、卖方违约风险等。如果卖方希望买方承担机会成本，就要提供相应的价格优惠或者具有特别优势的产品和服务。

预收账款融资即企业在销售商品或提供服务时，提前从用户那里收到款项，并利用这些款项进行融资的一种方式，常见于制造业、零售业和服务业等领域。

一家大型制造企业为了扩大生产规模、提高市场份额，经常采用预收账款的销售策略。用户在购买产品时，需要提前支付一定比例的款项。这些预收款项为企业提供了稳定的现金流，帮助企业解决了短期资金问题。

随着业务的不断发展，企业逐渐积累了大量的预收账款。为了充分利用这些资金，企业与一家金融机构合作，开展了预收账款融资业务。金融机构根据企业的预收账款规模、信用状况等因素，向企业提供一定额度的融资支持。企业则利用这些资金进行生产扩张、研发创新等活动，来进一步提升自身的竞争力。

企业在采用预收账款融资的过程中，需要确保与用户之间的合同明确、合法，避免出现法律纠纷。此外，企业还需要关注预收账款的规模、结构和变化趋势，以便及时调整融资策略，避免资金短缺或过剩。

4.商业票据融资

商业票据融资是一种由金融公司或某些企业签发的，可以流通转让的有价证券。这些票据通常用于筹集短期资金，具有无条件约定自己或要求他人支付一定金额的特点。常见的商业票据包括汇票、本票和支票等。

这种融资方式通常以企业的信用为基础，票据可以在市场上自由买卖和贴现，这就为企业提供了便捷的融资渠道。

某大型零售商为了筹集短期运营资金，决定发行商业票据。该公司与多家金融机构达成书面协议，约定在一定期限内，不定期发行商业票据，以满足其资金需求。这些票据的面值、发行量和发行时间由公司根据资金需求和市场状况灵活决定。

该零售商利用商业票据融资的优势，成功筹集了所需的短期资金，同时保证了较低的融资成本。这一行为不仅增强了公司的资金流动性，还提升了公司在金融市场上的信誉和形象。

综上所述，企业在使用商业信用融资时，需要谨慎评估自身实力和风险承受能力，确保能够按时履行还款义务。同时，企业还需要密切关注市场变化和政策调整，以便及时调整融资策略和优化资金结构。

无形资产抵质押：将财产权转换为资金

无形资产抵质押是指借款人（融资企业）或第三人将其拥有的无形资产作为债权担保的行为。当债务人（融资企业）不履行债务时，债权人（通常是银行）有权依照法律规定将该无形资产折价，或者拍卖、变卖该无形资产的价款，来优先受偿。无形资产抵质押作为一种融资担保方式，在现代经济中发挥着越来越重要的作用，它有效地促进了资金的流动和技术的转化，为创新型企业提供了更多的融资渠道。

无形资产抵质押的特征有如下几种。

（1）无形性。无形资产不具有物质形态，它是一种精神产品或者权利，如专利、商标、著作权等。这种无形性使得无形资产的评估和管理具有一定的难度。

（2）专有性。无形资产通常受到法律的保护，如专利法、商标法、著作权法等，只有权利人才能享有其带来的利益。这种专有性为无形资产的抵质押提供了法律基础。

（3）价值性。无形资产具有经济价值，能够为企业带来长期的利益。这种价值性使得无形资产成为抵质押的标的，来满足债权人的担保需求。

（4）转让性。无形资产虽然具有专有性，但在一定条件下可以转让或许可他人使用。这种转让性为无形资产的流通和变现提供可能。

以上四种特征的描述，可以看出无形资产具有可抵押、可借贷的优势，虽然无形性让评估和管理有一定难度，但也正是因为无形性，让以此进行的融资操作更为便利。

某科技有限公司拥有一项具有市场前景的专利技术。为了扩大生产规模和提高市场占有率，公司决定向银行贷款。然而，由于公司固定资产较少，传统的抵押物不足以满足银行的担保要求。于是，该公司决定将其专利技术进行抵质押。经过评估机构的评估，该专利技术的价值得到了银行的认可，并成功获得了贷款。此后，该公司利用这笔资金进行了技术升级和市场推广，取得了显著的经济效益。且在抵押合约期限内偿清了债务，重新拿回了无形资产的所有权。

为了便于广大企业经营者实际操作，下面将该融资方式的流程详细列出。

第1步：评估无形资产价值——融资企业（借款人）需要委托专业的评估机构对其无形资产进行评估，以确定其市场价值和担保能力。评估结果将作为银行是否同意抵质押的重要依据。

第2步：签订抵质押合同——融资企业与银行（债权人）签订抵质押合同，明确双方的权利和义务。合同中应详细规定无形资产的种类、数量、价值、抵质押期限、担保范围等。

第3步：办理抵质押登记手续——融资企业需要按照国家有关规定，将抵质押的无形资产在相关部门进行登记，以确保抵质押的合法性和有效性。登记内容应包括无形资产的名称、权利人、抵质押权人、抵质押期限等信息。

第4步：债权人保管抵质押权凭证——银行获得抵质押权后，应妥善保管抵质押权凭证（如专利权证书、商标注册证等），以备不时之需。同时，银行还有权对抵质押的无形资产进行监督和管理，以确保其安全和完整。

第5步：债务履行与抵质押权实现——在抵质押期限内，融资企业应按照合同约定的方式和期限履行债务。若融资企业未能按时履行债务，银行有权依法行使抵质押权，通过拍卖、变卖等方式处置抵质押的无形资产，并优先受偿。

综上所述可知，无形资产抵质押作为一种创新的融资担保方式，为企业提供了更多的融资渠道和资金支持。然而，在实践中，无形资产抵质押也面临着评估难、风险大等问题。因此，需要进一步完善相关法律法规和评估体系，以提高无形资产抵质押的效率和安全性。同时，企业和金融机构也应加强风险管理意识，确保抵质押业务的合规性和稳健性。

互助担保联盟：商圈经济可以抱团贷款

互助担保联盟，也称为"同业互保"或"互助担保组织"，是由多个中小企业自愿组成的，通过共同出资、风险共担的方式，为成员企业提供融资担保服务的非营利性组织。这种组织形式旨在解决中小企业融资难、担保难的问题，通过集合多个企业的力量，增强整体的信用能力，从而获得金融机构的信任和支持。

互助担保联盟的特征有如下几种。

（1）区域性。互助担保联盟通常具有一定的地域性特征，主要服务于本地区的中小企业。我国最早的互助担保模式诞生于近代商业经济起步较早的广州，广东洋行的商人为了增强抗风险能力，对彼此间的债务进行互相担保。

（2）自愿性。互助担保联盟的成员企业均是在互相信任的基础上自愿加入的，它们基于共同的需求和利益，通过协商一致的原则组成联盟。

（3）互助性。互助担保联盟成员之间互相支持、互相帮助，按照一定比例缴纳会费或保证金，建立担保基金，并以一定规则对资金进行共管。当某个成员企业需要融资担保时，其他成员企业会按照约定比例提供担保。

（4）非营利性。互助担保联盟不以营利为目的，其主要目的是为成员企业提供融资担保服务，促进企业发展。

（5）风险共担。联盟成员共同承担担保风险，当某个成员企业的贷款出现违约时，担保联盟会按照约定比例分摊损失。

互助担保联盟有效解决了中小企业在融资过程中的担保和反担保的难题，增强了中小企业的融资能力。因为这种形式节省了担保成本和费用，所以在现实中应用较为广泛。

以某市中小企业互助担保联盟为例，该联盟由该市20家中小企业自发组成，每家企业出资100万元，共同建立了一个2000万元的担保基金。联盟与当地的银行建立了合作关系，当成员企业需要贷款时，可以向银行申请，并由联盟提供担保。银行根据企业的信用状况、经营情况以及担保联盟的实力，给予相应的贷款额度。若企业无法按时还款，担保联盟会按照约定比例分摊损失。

通过互助担保联盟的形式，这些中小企业不仅成功获得了银行贷款，还降低了担保成本，提高了整体信用水平。同时，联盟成员之间也建立了更加紧密的联系，形成了共同发展、互利共赢的局面。

通过这个案例可以看出，如果以单个中小企业的实力去银行贷款，是很难通过的，即便能够通过，得到的贷款数额也不会很多，且耗费的时间会很长。但现在由联盟进行担保，担保金就会增多，对于银行而言，这样担保规模之下的贷款批复就相对容易了很多。

下面将互助担保联盟从成立到出资，再到申请贷款与贷款发放，以及风险管理的相关流程，进行明确展示，为广大中小企业经营者提供更加清晰的导向。

互助担保联盟建立流程如下。

第1步：发起与筹备——由几家有共同需求和意愿的中小企业发起，筹备成立互助担保联盟。发起者需要制订详细的组建方案，包括联盟的宗旨、组织架构、成员资格、出资方式、担保规则等。

第2步：招募成员——通过宣传推广、洽谈协商等方式，招募符合条件的企业加入联盟。成员企业应具备一定的经营实力、信用记录和还款能力。

第3步：成立大会——组织召开成立大会，选举产生联盟理事会、监事会等组织机构，明确各成员企业的权利和义务。

第4步：出资建立担保基金——成员企业按照约定比例出资，建立担保基金。担保基金是联盟提供担保的基础，也是成员企业共同承担风险的保障。

第5步：与银行建立合作关系——联盟与当地的银行或其他金融机构建立合作关系，签订合作协议。银行根据联盟的实力和信誉，给予一定的授信额度。

互助担保联盟申请贷款流程。

第1步：受理担保申请——成员企业在需要融资担保时，向联盟提交担保申请。申请应包括企业的基本情况、融资需求、还款计划等内容。

第2步：审核与决策——联盟对担保申请进行审核，评估企业的信用状况、还款能力以及担保风险。审核通过后，联盟会出具担保函或提供其他形式的担保。

第3步：贷款发放与监管——银行根据联盟的担保，向企业发放贷款。联盟对贷款使用情况应进行监管，以确保贷款用于约定的用途。

第4步：风险管理与处置——联盟应建立风险管理制度，对可能出现的风险进行预警和防控。若企业无法按时还款，联盟会按照约定比例分摊损失，并采取相应措施追讨债务。

第5步：定期评估与调整——定期对成员企业的经营状况、信用状况进行评估，及时调整担保政策和合作策略。同时，应根据市场变化和成员企业需求，不断完善和优化联盟的运行机制、服务体系。

互助担保联盟通过集合多个中小企业的力量，实现了资源共享、风险共担，有效缓解了中小企业融资难、担保难的问题。然而，互助担保联盟在运行过程中也面临着一些挑战，如成员企业之间的信任问题、担保风险的防控问题以及联盟自身的管理问题等。因此，需要不断完善和优化互助担保联盟的运行机制和管理制度，确保其稳健运行和可持续发展。

政府基金：为企业发展提供稳定的资金保障

政府基金是指政府通过设立专门的基金，利用财政资金、政策性资金和市场化融资等多种渠道，为特定的经济和社会发展目标提供资金支持的行为。这种融资方式旨在发挥财政资金的杠杆作用，引导社会资本投入，促进经济结构优化和转型升级。

政府基金的特征有如下几种。

（1）政策性。政府基金通常具有明确的政策导向，旨在支持国家重大战略、重点产业和薄弱环节的发展。

（2）引导性。政府通过设立基金，引导社会资本流向特定领域，促进资源优化配置。

（3）杠杆性。通过财政资金的杠杆作用，撬动更多的社会资本参与，放大投资效应。

（4）市场化。虽然政府基金具有政策性，但其运作仍遵循市场化原则，通过市场化手段实现资金的筹集、管理和使用。

（5）共担性。政府基金通常采取风险共担机制，由政府、企业和社会资本共同承担投资风险。

以某省级政府设立的"新兴产业投资基金"为例，该基金旨在支持新兴产业的发展，特别是高新技术产业和战略性新兴产业。基金规模达到100亿元，其中财政资金20亿元，剩余80亿元则为社会资本所有。

基金通过投资初创期、成长期和成熟期的新兴产业企业，推动这些企业的快速发展和壮大。同时，基金还引入了市场化管理机构，实现了基金的专业化、市场化运作。

该基金自成立以来，已经投资了50余家新兴产业企业，涉及了信息技术、生物医药、新材料等多个领域。这些企业的快速发展，不仅带动了当地经济的增长，也为社会创造了大量就业机会。同时，该基金还通过市场化运作，实现了良好的投资回报，为政府和社会资本带来了可观的经济收益。

企业在寻求政府基金投资前，先要深入了解相关的政府基金信息，包括基金的投资方向、申请条件、支持额度、申请流程等。通过了解这些信息，企业可以判断自己是否符合申请条件，以及申请该基金是否符合企业的发展战略。当企业确定申请某项政府基金有利于企业发展，且企业也符合申请该基金的条件后,便可以着手申请该基金。具体流程如下。

第1步:准备申请材料——企业在确定申请政府基金后,需要准备完整的申请材料。这些材料通常包括企业的基本情况介绍、项目可行性研究报告、财务报表等。申请材料需要真实、准确、完整,以体现企业的实力和项目的潜力。

第2步:提交申请材料——企业将准备好的申请材料提交给政府基金的管理机构。提交方式可以是线上或线下,具体根据基金管理机构的要求而定。提交后,企业需要耐心等待管理机构的审核结果。

第3步:项目评审与评估——政府基金管理机构在收到申请材料后,会组织专家对项目进行评审和评估。评审和评估的内容包括项目的创新性、市场前景、技术可行性、财务状况等。企业需要配合管理机构的要求,提供必要的信息和资料。

第4步:投资决策与资金拨付——经过评审和评估后,政府基金管理机构会做出投资决策。如果项目通过,管理机构会与企业签订投资协议,并按照协议约定的方式拨付资金。企业需要按照协议要求使用资金,确保专款专用。

第5步:项目实施与监管——获得政府基金投资后,企业需要按照投资协议和项目实施计划,认真组织项目的实施。同时,政府基金管理机构会对项目的实施过程进行监管和跟踪,确保资金的有效使用和项目的顺利进行。

第6步:项目验收与资金结算——项目完成后,政府基金管理机构会对项目进行验收。验收合格后,管理机构会与企业进行资金结算,支付剩余的资金或收回投资。企业需要按照协议要求完成验收和结算工作。

第7步:后续管理与服务——获得政府基金投资的企业,在项目完成后仍需与政府基金管理机构保持联系。管理机构会提供必要的后续管理和服务,包括项目评估、资金监管等。企业需要积极配合管理机构的工作,共同推动项目的持续发展和优化。

综上所述,企业需要认真准备和执行每个环节的工作,以确保顺利获得政府基金投资,并推动项目的成功实施。总之,通过设立专门的基金,政府可以引导社会资本流向特定领域,促进经济结构的优化和转型升级。

创新基金:帮助初创期中小科技企业跨越"死亡之谷"

创新基金,全称为"科技型中小企业技术创新基金",是由国务院于1999年批准设立,用于支持科技型中小企业技术创新项目的政府专项基金。其宗旨是鼓励和支持科技型中小企业技术创新,促进科技与经济结合,并推动科技创新和产业升级,以加速高新技术产业化进程。

中小企业融资始终都不是一件容易的事,尤其是中小型科技企业。因为这类企业基本不具备什么资产,往往就是一间办公室、几台电脑再加上几名程序员,最多还有一两名行政人员。这种轻资产运营的新兴中小科技企业,想要获得投资,能拿得出来的只有项目和产品。然而,这类企业的未来价值却并不能小觑,看看如今的世界级互联网企业,哪个不是从小微企业开始崛起的,仅仅数年时间就能蜚声世界,甚至具备改变社会大众工作和生活方式的可能。因此,如何加大对中小型科技企业的融资扶持力度,一直是我国各级政府都十分关注,且迫切想要破解的难题。正是在此背景下,创新基金出台了,作为非营利性的专项扶持基金,为推动中小型科技企业的发展发挥了重要作用。因此,创新基金对于中小型科技企业而言,又被称为"种子基金"。顾名思义,该基金在扶持中小型科技企业的成长、引导社会资本投入高新技术产业、促进科技成果转化方面,具备较强的杠杆作用,能有效增强我国整体科技创新实力。

目前，经国务院批准设立的科技型中小企业技术创新基金，主要采取以下三种方式，从不同需求角度和层面上支持中小型科技企业的科技创新。

1. 贷款贴息

创新基金的贷款贴息旨在帮助科技型中小企业解决融资难、融资贵的问题，鼓励银行为这些企业提供贷款支持。主要针对已经发展到一定阶段的中小型科技企业。

具体操作模式是：当融资企业从银行获得贷款用于其技术创新项目时，创新基金会根据项目的具体情况给予一定比例的利息补贴，以减轻企业的资金负担，并鼓励企业扩大经营规模。通常情况下，基金会给予贷款年利息 50%～100% 的补贴，但总额一般不超过 100 万元，个别重点项目会放宽至不超过 200 万元。

一家位于江苏省的科技型中小企业专注于研发和生产高端医疗器械，拥有多项自主知识产权。然而，由于医疗器械的研发和生产需要大量资金投入，公司面临着较大的资金压力。

为了推动公司的技术创新和产业发展，该公司决定借助创新基金提供的贷款贴息政策向银行申请贷款，通过积极申请，成功获得了银行贷款。随后，该公司利用这笔资金加大了研发投入，成功开发出了一款具有市场竞争力的新型医疗器械。

在项目的整个实施过程中，创新基金为该公司提供了贷款利息的补贴，大大减轻了公司的财务负担。这不仅激发了公司技术创新的积极性，也提升了其在市场上的竞争力。

2. 无偿资助

创新基金的无偿资助是政府直接为符合条件的创新项目或企业提供资金支持，无须企业还本付息的一种资助方式。主要针对正在研发创新科技产品的中小型科技企业，以及打算创办企业，转化科技成果的科研人员。

无偿资助的额度通常根据项目的创新程度、技术难度、市场前景等因素来确定。获得无偿资助的企业需符合一定的条件，如具有独立法人资格、有良好的财务状况和健全的管理制度、项目技术先进，且具有创新性等。

深圳市某新能源科技有限公司是一家专注于研发和生产高性能锂电池的中小企业。由于锂电池技术的不断创新和市场需求的持续增长，该公司决定进一步扩大生产规模，并提高产品质量和技术水平。

然而，由于资金有限，公司面临着技术研发和产业升级的难题。为了获得资金支持，该公司向创新基金申请了无偿资助。经过严格的评审和筛选，公司成功获得了500万元的无偿资助。

在获得资助后，公司加大了技术研发和产业升级的投入。他们利用这笔资金引进了先进的生产设备，并招聘了优秀的技术人才，对锂电池的生产工艺进行了优化和改进。同时，公司还加强了与高校和科研机构的合作，共同开展技术研究和创新。

经过一年多的努力，该公司的锂电池产品性能得到了显著提升，生产成本也得到了有效控制。凭借优质的产品和技术，公司成功拓展了市场，实现了销售额的大幅增长。

3. 资本金投入

创新基金的资本金投入是政府以出资人的身份，直接向企业注入资金，成为企业的股东，与企业共同承担风险和收益的一种投资方式。主要针对科技创新门槛较高、后续创新潜力较大、可能形成新产业或带动其他关联产业发展的项目。

创新基金采取资本金投入的好处是，投资时限较长、企业资金压力能被有效缓解，且基金在后期的收益更高，能有效增强基金的实力，促进基金的有效循环。

北京某生物医药科技有限公司是一家专注于生物医药研发和创新的高新技术企业。由于生物医药领域的特殊性，公司面临着研发周期长、资金需求大、市场风险高等问题。

为了支持该公司的研发创新和产业发展，创新基金决定对其进行资本金投入。政府通过直接出资的方式，向企业注入了5000万元的资金，成为公司的股东之一。

在获得资本金投入后，该公司加大了对生物医药研发的投入力度，加快了新药研发的速度和效率。同时，在政府股东的参与和指导下，公司进一步完善了管理体系和战略规划，提高了市场竞争力。

经过几年的努力，该公司的研发成果不断涌现，多款新药成功上市并获得市场认可。公司的规模和影响力也逐渐扩大，成为生物医药领域的领军企业之一。

综上所述可知，创新基金作为我国科技创新体系的重要组成部分，为中小企业提供了宝贵的资金支持，促进了科技成果的转化和产业化。企业在申请创新基金时，应充分了解基金的特征和要求，认真准备申请材料，把握申请流程的关键环节，确保项目成功获得基金支持。同时，企业在项目实施过程中应严格按照协议要求使用资金，确保项目的顺利进行和成果的实现。

国际市场开拓资金：金融活水助力企业乘风破浪"走出去"

我国外贸出口企业数量可谓浩如烟海，其中中小企业出口比例很高。为了我国企业积极参与国际竞争，促进中小企业的健康发展，国家在2001年设立了中小企业国际市场开拓资金，并颁布了相应的管理办法，以金融活水的姿态助力中小企业在国际商业浪潮中乘风破浪。

2010年，财政部、商务部正式发布《中小企业国际市场开拓资金管理办法》，将中小企业申请资金的门槛调整为上年度"进出口额4500万美元以下"。

国际市场开拓资金的概念可以这样解释：中央财政为了支持中小企业拓展国际市场而设立的专项资金。旨在鼓励企业积极参与国际竞争，拓展海外市场，提升我国产品和服务的国际影响力。因此，国际市场开拓资金具有专项性、鼓励性、引导性和条件性。

国际市场开拓资金通常根据支持对象和项目的不同，分为以下五类。

（1）出口信贷保险费用补助：针对企业购买出口信用保险的费用进行补助，降低出口风险，支持企业扩大出口规模。

（2）出口产品质量认证费用补助：对企业进行国际产品质量认证的费用给予补助，帮助企业提升产品质量，增强国际竞争力。

（3）境外广告费用补助：支持企业在境外媒体发布广告，提高品牌知名度，扩大市场份额。

（4）国际市场考察费用补助：对企业开展国际市场考察活动的费用给予补助，帮助企业了解国际市场动态，挖掘商机。

（5）境外展览费用补助：支持企业参加境外知名展会，展示产品和技术，促进贸易合作。

某家电企业为扩大国际市场份额，提升品牌知名度，决定申请国际市场开拓资金。企业根据自身需求和市场需求，选择了"境外广告费用补助"和"境外展览费用补助"两个项目进行申报。

在申报过程中，企业详细阐述了项目的可行性、创新性以及预期的市场效果，并提供了相应的证明材料。经过政府相关部门的审核评估，该企业成功获得了市场开拓资金的支持。

在获得资金支持后，企业加大了在境外的广告投放力度，参加了多个知名展会，成功提升了品牌知名度和市场份额。同时，企业也严格按照规定使用资金，定期向政府相关部门报告项目实施情况和资金使用情况，确保了资金使用的合规性和有效性。

通过上述的案例可知，对于国际市场开拓资金，凡是符合条件的中小企业每年都可依法依规向主管部门进行申请。具体的申请流程如下。

第1步：项目申报——企业根据市场开拓资金的支持方向和自身需求，选择适合的项目进行申报。申报材料通常包括企业资质证明、项目计划书、预算表等。

第2步：审核评估——政府相关部门对企业申报的项目进行审核评估，主要评估项目的可行性、创新性、市场前景等。

第3步：资金拨付——经审核评估合格的项目，政府将按照规定的程序和标准拨付市场开拓资金。资金拨付通常采用分期付款的方式，根据项目进展情况进行拨付。

第4步：项目实施与监督——企业在获得市场开拓资金后，须按照项目计划书实施项目，并定期向政府相关部门报告项目实施情况和资金使用情况。政府相关部门将对项目实施情况进行监督和管理，确保资金使用的合规性和有效性。

总而言之，国际市场开拓资金对于支持企业拓展国际市场、提升国际竞争力具有重要意义。通过提供资金支持，鼓励企业积极参与国际竞争，能推动我国经济高质量发展。未来，随着全球经济的不断发展和国际市场竞争的日益激烈，国际市场开拓资金的作用将更加凸显。企业应加强自身能力建设，来提高项目申报的质量和成功率，以充分利用市场开拓资金提升自身国际竞争力。

第七章
尽职调查：获得投资需从五个维度接受评估

企业在寻求投资时，需从五个关键维度接受评估，包括创始人的心理准备方面、企业经营潜力方面、企业财务方面、企业法务合规性方面、企业股权结构方面。这五个维度将共同决定企业在投资者眼中的价值和吸引力，必须都达到标准，才能获得投资。

从五个方面考察创业者的心理准备

融资在某种程度上是一场心理战,投融双方围绕方方面面进行短兵相接,如果企业创始人不能提前做好心理准备,很可能被投资者的组合拳击退,导致拿不到融资。本节就来讲一讲那些看似不怎么重要,却一定要认真准备的事项。

1.应对投资者的疑问

融资过程中的疑问通常由投资者发起,由企业创业者解答。应对投资方的提问可以像考试押题那样做,因为有些问题几乎是一定会被提问的,或者了解投资者的提问风格就能预测出可能会被问到的问题。

一般来说,投资方喜欢围绕融资企业的团队信息、融资项目和市场信息三个方面提问。

很多融资者总是喜欢介绍自己的好创意,认为投资者一定会感兴趣,却不知投资者对什么人来实现好的创意更感兴趣。一个项目会随着实施的深入而产生变化,未来究竟会走向什么方向并不能确定,创业团队相比起来就显得会更稳定一些,团队是具有可预见性的,多了解团队信息对于预判项目的未来是有很大帮助的。

一些创业者对自己的创业项目总是喜欢定性描述,而非定量表述,给人的感觉总是很有激情、很有信心、很有力量,但对于符合事实的细节却说不清楚。投资者更中意那些能在短时间内将项目细节讲清楚的创业者,因为他们可以从这些创业者那里看到成功的确切路径,能增强对未来不确定性的抵抗力。

一些创业者喜欢按照调研公司提供的数据来说明市场,这是远远不够的。投资者接触任何一个项目都想知道创业者凭什么认定自己的产品具有市场认可度，投资者希望听到的一定是创业者自己对市场的深入了解，而不是简单地复制粘贴或者抄袭一些数据。只有做过相关的深入调查，才有发言权，也才有可信度，因此，关于产品价格定位、商业模式创新、新产品对市场开发等方面，都是需要准备，并向投资者解释的问题。

2. 应对投资者的质疑

被质疑是成功者前行路上时刻伴随的产物，承受质疑，然后一个个打破质疑，这就是成功之路。但是，很多创业者在承受质疑这方面做得非常不好，听不得投资者对自己不好的评价。有不好的评价时，他们会感觉非常委屈，觉得自己的创意这么好，投资者居然质疑；自己的企业已经有了不小的成就，投资者还怀疑自己的管理能力；自己是985名校毕业，投资者居然质疑自己的综合素养……

面对来自投资方的质疑，创业者一定要冷静想一想，投资者的质疑有什么错吗？投资者对自己的钱负责不是应该的吗？因此，创业者对于来自投资者的质疑，正确的做法是保持耐心，积极应对，对于投资者质疑的问题，有则改之，无则加勉。

3. 应对企业内部的阻力

所有创业者都是奔着资金进行融资的，都渴望获得资金的助力。但在融资行为的背后一定都是支持的声音吗？有没有可能会遭遇反对呢？

如果融资企业是创业者个人独资或者其他合伙人也希望融资，企业内部就不会产生阻力。但如果主要合伙人并不希望融资或者具有一定规模的企业管理层反对融资，实际控制人到外部寻找融资的压力就会非常大。既要说服企业其他核心人员赞成融资，又要说服其他股东为融资而让出股权。

实践证明，那些内部压力很大的企业若想融资成功，其实际控制人的决策权必须足够大，比如投票权可以超过三分之二，能独自拍板决定。但即便如此，在融资过程中和融资成功后，仍要面临说服其他股东出让股权的棘手问题。

4. 应对放弃业务的可能

一些已经步入成长阶段的企业，业务范围比较广泛，哪类业务都能有进账，但哪类业务都不足以成为核心业务。这样的企业去融资，失败就是既定事实，没有投资者会将自己的钱投进这种没有主业的企业。

因此，必须放弃一些业务，留下最擅长的业务做精、做透，才有机会从激烈的市场竞争中杀出一条血路。如同将铁杵磨成针，一下就能刺破而出。企业必须聚焦运营，只有这样，投资者的钱才能花在最有用的地方。

无数事实证明，细分、聚焦的中小企业更为灵活，发展也更为迅速。小米就是从小而精发展起来的，雷军的七字箴言"专注、极致、口碑、快"就是对聚焦的最好总结。

5. 应对向投资者妥协的可能

创业者应提前做好准备，为了能得到投资者的资金，可以做出的最大妥协是什么？设定了妥协底线后，就要坚守住，不能再轻易后退。在融资谈判过程中，妥协与坚持同样重要，妥协能给融资企业带来必要的资金，坚持能让融资企业获得资本注入的最大收益。

融资谈判是若干场博弈，当投资者提出比较苛刻的条件时，创业者不能有对抗情绪，要步步为营，在可接受的范围内做出一定让步，但也要同时要求投资者做出让步或是提出自己的条件进行反制。

通常投资者会要求融资企业在股权比例、企业估值、投资协议三个方面做出妥协，创业者需要提前做好准备。

（1）股权比例的妥协：创始人不必一定要坚守占比三分之二或过半数股权，因为只要企业股权结构保持健康，控制权机制设计合理，创始人仍能牢牢掌握对企业的控制权。

（2）企业估值的妥协：创业者要学会报价技巧和还价技巧，报价要高过最低预期一大块，留下讨价还价的余地，对于投资者的报价要一步步还价，不要一下降到位。

（3）投资协议的妥协：创业者必须直接表明自己的要求，对于投资者的合理要求可以让步，但对于无理要求坚决不能妥协，因为一旦落笔为白纸黑字就无法更改了。

综上所述，创业者对融资的心理准备是一个多维度、全方位的过程。除了上述提到的方面外，还要有对未知事物的接受与适应、对风险的评估与控制等方面的心理准备。只有全面、深入地做好这些心理准备，创业者才能更好地应对融资过程中的各种挑战和机遇，实现企业的快速发展和成功融资。

从三个方面掌握企业经营潜力

对于投资者而言，掌握融资企业的经营潜力至关重要，原因有三：首先，经营潜力直接决定了企业的还款能力和未来盈利预期，这是投资者评估风险、制定投资策略的基础。其次，了解经营潜力有助于投资者判断企业的市场地位和发展前景，从而确定是否值得投资。最后，经营潜力的掌握能够助力投资者与企业共同规划未来发展蓝图，促进双方在合作中的互利共赢。

因此，经营者在融资前对企业经营潜力的深入分析和准确评估，不仅有助于保障投资者的利益，还能为企业赢得更多融资机会，实现更稳健、可持续的发展。

1. 掌握企业基本情况

要深入了解企业的基本情况，这是评估企业经营潜力的基础。企业基本情况包括企业的历史背景与发展历程、组织架构与股权结构、财务状况与经营业绩、市场地位与竞争优势、人力资源与团队建设等多个方面。

（1）历史背景与发展历程。投资者会详细了解融资企业的创立时间、创始人、发展历程中的重要事件等。因为这有助于投资者把握企业的发展脉络和成长逻辑，进而分析其未来发展趋势。

（2）组织架构与股权结构。清晰的组织架构可以提高企业决策效率和执行力，而合理的股权结构则能保障企业的稳定发展和持续创新。因此，对企业内部组织架构和股权结构的分析，可以帮助投资者评估企业的治理结构和治理能力。

（3）财务状况与经营业绩。向投资者提供财务报表、盈利能力、偿债能力、运营效率等指标，帮助投资者全面了解企业的财务状况和经营业绩，这是判断企业经营潜力和投资价值的重要依据。

（4）市场地位与竞争优势。投资者会分析融资企业在行业内的市场地位、品牌影响力、市场份额等，以及企业的竞争优势，如成本优势、技术优势、品牌优势等，以此评估企业在市场中的竞争力和未来发展机遇。

（5）人力资源与团队建设。一个高效的管理团队深刻影响着融资企业当下的状态和长远发展。投资者在对融资企业尽职调查时，会细致了解企业的人才结构、员工素质、团队建设等，会从核心团队成员的教育经历、专业实力、岗位职责、薪酬政策方面入手，企业需要详细准备这些资料。

2. 洞察行业发展方向

对融资企业行业发展方向的分析，可以让投资者更了解企业的发展潜力和成长空间。与行业发展有关的因素包括市场需求、竞争格局、技术实力、利润水平、政策环境等。

（1）市场需求与消费者趋势。投资者希望在尽职调查中，看到融资企业能够深入了解所在细分市场的需求变化、消费者喜好和行为趋势，以判断企业是否具备更好把握市场脉动、调整产品和市场策略，以满足消费者需求的能力。

（2）竞争格局与市场份额。投资者会分析融资企业所在行业内的主要

第七章 尽职调查：获得投资需从五个维度接受评估

竞争对手、市场份额分布、竞争策略等。尤其会重点分析项目产品的市场容量，会通过了解同类产品的生产数量与销售数量，以及消费者的消费习惯，掌握可能出现的消费趋势变化。因此，对于产品的市场容量，企业经营者必须有清晰的认知，并制定有效的竞争策略，让投资者看到提升市场份额和竞争力的可能性。

（3）技术实力与创新能力。投资者会想要了解融资企业的研发投入、技术积累、专利情况、新产品开发等。这就要求企业经营者关注行业内的技术革新和产业升级趋势，了解新技术、新产品的发展和应用。

（4）利润水平与盈利情况。利润水平体现了融资企业的生产运转状态，盈利情况则说明企业对行业发展趋势的掌控情况，两者兼具的企业能够提前把握市场先机，抢先布局。投资者会考察的指标包括成本利润率、产值利润率、资本利润率、销售利润率、工资利润率等。

（5）政策环境与法规要求。融资企业经营者必须密切关注行业政策、法规要求的变化，以及政策变动对企业经营的影响。这有助于企业合规经营，降低政策风险，同时利用政策利好推动企业发展。

3. 深入剖析业务经营

业务经营是融资企业实现价值创造和利润增长的核心。投资者会深入分析企业的业务模式、产品结构、销售渠道、成本控制、战略规划等，以评估企业的盈利能力和持续增长潜力。

（1）业务模式与盈利能力。投资者会了解融资企业的业务模式、收入来源、成本结构等，分析企业的盈利能力和盈利空间。同时，还会关注企业的盈利质量，如现金流状况、利润结构等，以评估企业的真实盈利能力和可持续发展能力。

（2）产品结构与市场竞争力。投资者会分析融资企业的产品结构、产品特点、市场竞争力等，来了解企业的产品优势和劣势。同时，还会关注产品的生命周期和市场趋势，以评估企业产品的未来发展潜力和市场需求。

（3）销售渠道与用户关系。投资者会了解融资企业的销售渠道、用户分布、用户关系管理等，来分析企业的市场覆盖能力和用户服务能力。

（4）成本控制与资源管理。投资者会深入剖析融资企业的成本控制能力、资源利用效率等，来了解企业在成本管理和资源管理方面的优势和不足。

（5）战略规划与执行力。投资者会分析融资企业的战略规划、目标设定、执行能力等，来了解企业的发展方向和战略意图。

综上所述，投资者通过尽职调查的深入，会逐渐全面掌握融资企业的经营潜力，即从企业基本情况、行业发展方向、业务经营三个方面进行深入剖析。这有助于投资者和利益相关者更好地了解融资企业现状和未来发展趋势，为投资决策提供参考依据。这就要求企业经营者必须更加关注这些方面的发展，不断提升自身实力和竞争力，以实现最高效、最具价值的融资。

从四个方面对企业进行财务审计

投资者进行尽职调查，必然会对融资企业进行财务审计，以了解企业的资产、负债和盈亏的真实情况。在财务审计方面，企业要准备银行流水账单、银行对账单、资产负债表、经营损益表、现金流量表。

1. 检查银行对账单和流水账单

银行对账单是银行和企业核对账单的联系单，具有证实企业业务往来记录的作用。在融资过程中，银行对账单可以作为企业资金流动的依据，帮助投资者认定企业某一时段的资金规模。

银行流水账单也称为"银行卡存取款交易对账单"或者"银行账户交易对账单"，是用户在一段时间内与银行发生的存取款业务交易清单。

获取银行对账单与银行流水账单的程序,决定了两者间具有不同的财务风险和需要进行的不同审计方式。

银行对账单由银行直接提供给企业,再由企业提供给投资者指定的审计人员,过程中有可能存在被篡改的风险。因此,检查企业银行对账单时,投资者会结合银行流水账单、销售收入明细账、成本费用明细账以及企业的上下游合同一起做综合比较。

银行流水账单一般是投资者指定的审计人员和企业财务人员一起到银行打印,具有极高的可信度。即便如此,投资者仍然会谨慎对待,审计人员也会履行检查责任,通常做法是随便找一笔交易,打电话到银行,根据流水账单上的明细,输入要查询的日期,如果与银行客服所报的内容一致,则没有问题,反之则有假。

一般情况下,银行对账单与银行流水账单的内容是一样的,如果内容对不上,则银行对账单有做假嫌疑(见图7-1)。

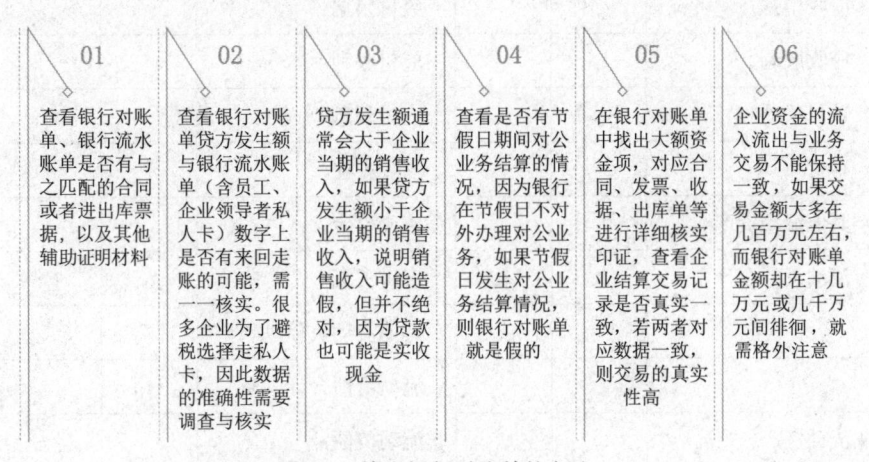

01	02	03	04	05	06
查看银行对账单、银行流水账单是否有与之匹配的合同或者进出库票据,以及其他辅助证明材料	查看银行对账单贷方发生额与银行流水账单(含员工、企业领导者私人卡)数字上是否有来回走账的可能,需一一核实。很多企业为了避税选择走私人卡,因此数据的准确性需要调查与核实	贷方发生额通常会大于企业当期的销售收入,如果贷方发生额小于企业当期的销售收入,说明销售收入可能造假,但并不绝对,也可能是实收现金	查看是否有节假日期间对公业务结算的情况,因为在节假日不对外办理对公业务,如果节假日发生对公业务结算情况,则银行对账单就是假的	在银行对账单中找出大额资金项,对应合同、发票、收据、出库单等进行详细核实印证,查看企业结算交易记录是否真实一致,若两者对应数据一致,则交易的真实性高	企业资金的流入流出与业务交易不能保持一致,如果交易金额大多在几百万元左右,而银行对账单金额却在十几万元或几千万元间徘徊,就需格外注意

图7-1 检查银行对账单的方法

2.分析资产负债表

资产负债表是反映企业在某一特定日期的资产、负债及其所有者权益规模和构成等财务状况的会计报表(见表7-1)。

资产负债表的基本结构是：资产＝负债＋所有者权益，无论企业经营状况是盈利还是亏损，这一等式永远成立。

资产负债表为投资者判断企业经营和财务状况提供了三项帮助：①某一日期资产的总额及其结构，表明企业拥有或控制的资源及其分布情况。②某一日期负债的总额及其结构，表明企业未来需要用多少资产或劳务清偿债务，以及清偿债务的时长。③某一日期权益所有者的权益，表明所有者在企业资产中享有的经济利益。

表7-1 资产负债

编制单位：××公司　　　　　时间：2024年2月29日　　金额单位：万元

资产	年初数	期末数	负债及所有者权益	年初数	期末数
流动资产：			流动负债：		
货币资金			短期借款		
应收账款			应付账款		
应收票据			应付票据		
应收股利			应付股利		
预付款项			应付利息		
存货			预收款项		
其他流动资产			应交税金		
流动资产合计			应付工资		
			其他流动负债		
			流动负债合计		
非流动资产：			非流动负债：		
可供出售金融资产			长期借款		
持有至到期投资			应付债券		
长期应收款			长期应付款		
长期股权投资			其他非流动负债		

续表

资产	年初数	期末数	负债及所有者权益	年初数	期末数
投资性房地产			非流动负债合计		
在建工程			负债总计		
长期待摊费用			所有者权益：		
其他非流动资产			实收资本		
非流动资产合计			盈余公积		
资产总计			未分配利润		
			所有者权益合计		
			负债及所有者权益总计		

注：左侧"资产"反映的是资金在企业运用后形成的各项具体形态；右侧"负债及所有者权益"反映的是企业资金的两种来源。

债权人享有企业全部资源的要求权，企业以全部资产对不同债权人承担偿付责任；在负债偿清后，余下的才是所有者权益，即企业净资产。

3. 审查经营损益表

经营损益表也称为"利润表"，是反映企业在某一个会计期间内经营成果的会计报表，以此了解该会计期间企业是盈利还是亏损（见表7-2）。

现金流量表为投资者判断企业经营和财务状况提供了四项帮助：①一定期间企业的利润构成，表明企业从经营活动和非经营活动中分别取得了多少利润，用以判断企业盈利能力的持续性。②一定期间企业收入与成本的信息，通过将收入与成本匹配，计算企业的毛利率，用以判断企业的利润空间。③从管理费用、财务费用和销售费用三项期间费用的趋势变化和比例，用以判断企业的管理水平。④从净利润能反映出企业生产经营活动的成果，从每股收益来判断企业资本的保值、增值情况。

表7-2 经营损益

编制单位：××公司　　　　　　　　　填表日期：2024年2月29日

所属时期：　年　月　日至　年　月　日　　金额单位：元（列至角分）

项目	本期金额	上期金额
一、营业收入		
减：营业成本		
营业税金及附加		
销售费用		
管理费用		
研发费用		
财务费用		
其中：利息费用		
资产减值损失		
加：公允价值变动收益（损失以"—"号填列）		
投资收益（损失以"—"号填列）		
其中：对联营企业和合营企业的投资收益		
二、营业利润（损失以"—"号填列）		
加：营业外收入		
减：营业外支出		
其中：非流动资产处置损失		
三、利润总额（损失以"—"号填列）		
减：所得税费用		
四、净利润（损失以"—"号填列）		
（一）持续经营净利润		
（二）终止经营净利润		
五、其他综合收益的税后净额		
1.可供出售金融资产公允价值变动损益		
2.现金流量套期损益的有效部分		
3.外币财务报表折算差额		
六、综合收益总额		

续表

七、每股收益：		
（一）基本每股收益		
（二）稀释每股收益		

注："营业收入"是企业通过经营活动获得的主营业务收入和其他业务收入，因经营活动具有很强的规律性，因此营业收入具有重复性和可预见性；"营业利润"是企业规律性经营行为形成的利润，在此基础上先加上"营业外收入"，再减去"营业外支出"，得到企业"利润总额"；"利润总额"通过计算"营业收入"和"营业利润"得出；在"利润总额"的基础上扣除所得税后，得到企业的"净利润"；"每股收益"是具体经营结果的市场表现；"其他综合收益的税后净值"和"综合收益总额"并非必有项。

4. 符合现金流量表

现金流量表是反映企业在一定会计期间的现金和现金等价物流入和流出的会计报表（见表7-3）。

现金流量表为投资者判断企业经营和财务状况提供了四项帮助：①能了解企业获取现金和现金等价物的能力（企业的主体现金是经营活动产生的，还是向债权人借入的或是投资者投入的），并据此预测企业未来现金流量。②能评价企业的支付能力、偿债能力和周转能力。③能分析企业收益质量及影响现金流量的因素。④能掌握企业经营活动、投资活动和筹资活动的现金流量，进而了解净利润的质量。

表7-3 现金流量

编制单位：××公司　　　时间：2024年2月29日　　　金额单位：元

项目	本年金额	本月金额
一、经营活动产生的现金流量：		
销售商品、提供劳务收到的现金		
收到的税费返还		
收到其他与经营活动有关的现金		
经营活动现金流入小计		
购买商品、接受劳务支付的现金		
支付给员工及为员工支付的现金		

续表

项目	本年金额	本月金额
支付的各项税费		
支付其他与经营活动有关的现金		
经营活动现金流出小计		
经营活动产生的现金流量净额		
二、投资活动产生的现金流量：		
收回投资所收到的现金		
取得投资收益收到的现金		
处置固定资产、无形资产及其他长期资产收回的现金净额		
收到其他与投资活动有关的现金		
投资活动现金流入小计		
投资支付的现金		
购建固定资产、无形资产及其他长期资产支付的现金		
取得子公司及其他经营单位支付的现金净额		
支付其他与投资活动有关的现金		
投资活动现金流出小计		
投资活动产生的现金流量净额		
三、筹资融资活动产生的现金流量：		
吸收投资收到的现金		
取得借款收到的现金		
收到其他与筹资融资活动有关的现金		
筹资融资活动现金流入小计		
偿还借款本金支付的现金		
偿还借款利息支付的现金		
分配利润支付的现金		
分配股利支付的现金		
支付其他与筹资融资活动有关的现金		
筹资融资活动现金流出小计		
筹资融资活动产生的现金流量净额		

续表

项目	本年金额	本月金额
四、现金及现金等价物净增加额：		
加：期初现金及现金等价物余额		
减：期末现金及现金等价物余额		

注：有时还要考虑汇率变动对现金及现金等价物的影响，在必要时应加入此项，列在"现金及现金等价物净增加额"之上。

无论是资产流量表、经营损益表，还是现金流量表，投资者的审查都会从格式和实质两个方面入手，对企业是否完全、准确、真实地填写内容进行审查，企业需要为此做好准备。审查通常包括以下六个方面。

（1）是否存在漏填、错填的情况。

（2）各项目数字之间的勾稽关系是否准确。

（3）与其他报表的勾稽关系是否准确。

（4）营业收入、成本、费用和主营业务税金与附表是否一致。

（5）项目数字与总账、明细账数字是否相符。

（6）项目数字的变化是否存在异常。

以上就是投资者对融资企业财务方面审计的相关内容，当然这些并非是财务审计的全部。在具体的融资过程中，投资者可能还会提出更为详细的财务审计，只要不损害融资企业的经营利益和在法律允许的范围内，企业都应予以配合。

从五个方面对企业进行法务合规性审查

法务尽职调查是投资者在投资前，为了避免因为信息不对称而可能带来的重大交易风险，对融资企业的历史沿革、资产权利、劳动合同、重大事件、诉讼仲裁以及税收等情况进行的合法调查。

1. 审查企业的历史沿革

在历史沿革方面,企业的基本情况、资质证书、章程修改等都是投资者重点关注的。企业应在尽职调查之前,提前准备好相关材料,且越详细越好。

首先审查公司主体,一般包括四项内容:①企业设立和程序:包括成立时间、注册资本、是否合法设立、是否经过股权变更、公司章程及修正次数等。②法定代表人:必须明确法定代表人,从创立至今是否变更并办理相关登记,法定代表人是否具有任职资格。③经营范围:一家企业的经营范围是要经过法律许可的,只能在范围内经营,不能超范围经营。④企业证照:各种类型的企业具有不同的证照类型(一个或多个),投资方检查企业证照的意义在于确定企业是否具有行业资质。

其次是审查企业的资质和证书,除了配合投资者进行营业制造的相关核查外,还要将企业成立以来的历次变更注册资本的相关评估报告、验资证明以及政府与主管部门的批准文件,提交给投资者。并且将企业的组织机构代码证、社会保险登记证、自营进出口登记证、海关登记证、经营许可证以及相关政府批文、授权许可证等,也要提供给投资者。

最后就是对公司章程和运作规范的审查。企业需要配合投资者审查章程的条文,看是否存在不合法、不合理的内容。同时还要接受投资者对运作规范性进行的调查,包括对董监高相关问题、内部控制、治理结构、资金管理以及处罚情况等的调查。

企业应确保为独立运作,不存在混合经营、合署办公的情况。如果企业的最终自然人股东是境外居民,要向投资者说明其1年内在中国境内居住单次是否超过30日或者累计是否超过30日的证明。

审查公司主体,绝不限于上述内容,还有其他很多投资者关注的问题,我们在此不一一列举,仅列出关键的且容易被忽视的内容(见图7-2)。

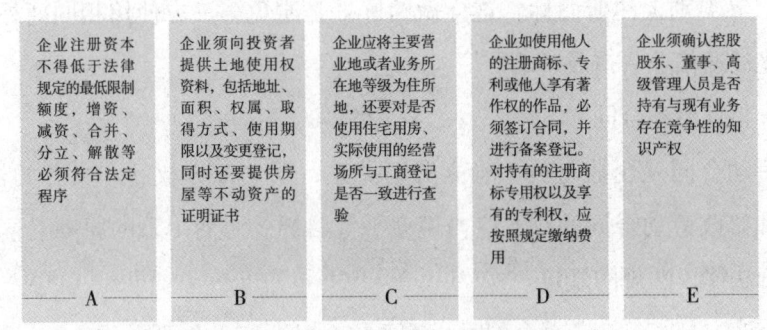

第七章 尽职调查：获得投资需从五个维度接受评估

A	B	C	D	E
企业注册资本不得低于法律规定的最低限制额度，增资、减资、合并、分立、解散等必须符合法定程序	企业须向投资者提供土地使用权资料，包括地址、面积、权属、取得方式、使用期限以及变更登记，同时还要提供房屋等不动产的证明证书	企业应将主要营业地或者业务所在地等级为住所地，还要对是否使用住宅用房、实际使用的经营场所与工商登记是否一致进行查验	企业如使用他人的注册商标、专利或他人享有著作权的作品，必须签订合同，并进行备案登记。对持有的注册商标专用权以及享有的专利权，应按照规定缴纳费用	企业须确认控股股东、董事、高级管理人员是否持有与现有业务存在竞争性的知识产权

图7-2　审查公司主体的其他要点

2. 考察资产权利

投资者必然会要求拟融资企业的资产权利完整，没有瑕疵，包括商标权、网站域名、App 名称等。

如果融资企业未能在融资之前做好相关准备，就有可能在资产权利方面出现问题。例如，某公司花费了大量时间与资金推广的品牌商标却并没有注册下来，就是因为提交的商标与注册标准不符合要求，不久又被其他企业控诉侵害了商标权，这不仅导致融资失败，还要面临败诉的局面。

其实，商标方面的问题并不难避免，如果经营者对于这方面的事情不熟悉，可以聘请专业代理机构帮忙，彻底排除隐患。

对于拥有网站的企业，尤其是主营互联网的企业，域名的注册也同样重要。通常企业名称、品牌与网站域名是一致的，因此要越快注册越好，如果已经被其他企业抢先注册，可以另选域名或者协商购买。

与商标和域名类似的是 App 名称，不仅要快速注册，还要实施保护措施。除了常规使用的商标、域名、App 名称，还要多注册一些与现有商标、域名、App 名称相似的、容易产生混淆的，以避免第三方注册这些相似的商标、域名、App 名称对企业造成不良影响。

更进一步的做法是将相似的商标、域名、App 名称注册在与企业产品/服务相近的类别上。例如，企业计划为"光纤通信"注册商标，除了要在"通信服务"类别上注册商标外，还应在"办公事务""计算机编程及相关服务"等类别上注册商标，这样做的好处是避免第三方使用相同商标对企业的光纤通信业务造成影响。

3. 整理劳动合同

劳动合同是企业与员工确立劳动关系，明确双方权利和义务的协议。签订和修改劳动合同的双方应当遵守平等自愿、协商一致的原则，同时还应符合法律、法规的规定。

企业与员工签订劳动合同时，需要注意以下三个方面的内容。

（1）选择劳动合同的类型。劳动合同分为三个类型：①固定期限劳动合同：企业与员工约定合同终止时间的劳动合同。②无固定期限劳动合同：企业与员工约定无确定终止时间的劳动合同。通常满足（劳动者在用人单位连续工作满十年的；用人单位初次实行劳动合同制度时，劳动者在该用人单位连续工作满十年，且距法定退休年龄不足十年的；连续订立两次固定期限劳动合同，且劳动者没有《中华人民共和国劳动合同法》第三十九条和第四十条第一项、第二项规定的情形，续订劳动合同的），除劳动者提出订立固定期限劳动合同外，应当订立无固定期限劳动合同；③单向劳动合同：企业与员工签订以某项工作的完成为期限的劳动合同。

（2）注意劳动合同的有效性。根据《中华人民共和国劳动合同法》第二十六条的规定，劳动合同无效或者部分无效的情形包括：①以欺诈、胁迫的手段或者乘人之危，使对方在违背真实意思的情况下订立或者变更劳动合同的。②用人单位免除自己的法定责任、排除劳动者权利的；③违反法律、行政法规强制性规定的。

（3）及时根据实际情况变更条款内容。如果员工的岗位、薪资发生了变化，或者企业发生了合并、分立等情况，企业应当及时变更劳动合同中的相关条款内容，避免今后可能产生的劳动纠纷。

任何投资方都会关注拟投资企业的员工情况和合同签订情况，这关乎拟投资企业的经营合法性，试想，一个与员工的劳动合同都不能正确正规签订的企业，投资方会进行投资吗？

4. 重大事件调查

企业必须向投资者证明自己属于合法经营，以免除投资者对可能在不知情时卷入债务纠纷或其他诉讼纠纷的顾虑。这就要求企业对自身的重大事件做出详细说明，并接受投资者的调查。

（1）对重大债权债务的调查，企业应提供的文件包括六类：①银行贷款合同、股东借款合同、民间借款合同、外债合同等。②保证、抵押、质押等合同。③担保函、履约保证函、其他具有担保性质的承诺书。④重大资产买卖合同。⑤重大资产租赁合同。⑥办公场所租赁合同。

（2）对重大合同的调查，投资者会要求企业提供重大合同，并配合投资者进行调查（见图7-3）。重大合同通常涉及七项要素：①期限在1年以上，或者金额较大的购买合同、销售合同。②标的额在100万~500万元以上（以企业实际规模而定）的设计、建设工程、委托加工合同。③涉及并购、资产置换、合资合作的合同。④涉外合同、担保合同、租赁合同、代理服务合同。⑤涉及土地、房屋等不动产产权变更的合同。⑥借款合同、合同承办人认为重大的其他合同。⑦对企业生产经营产生重大影响的其他合同。

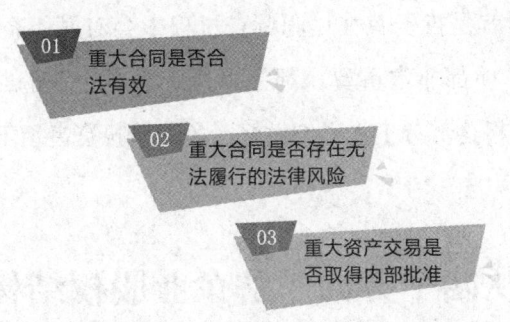

01 重大合同是否合法有效

02 重大合同是否存在无法履行的法律风险

03 重大资产交易是否取得内部批准

图7-3 企业配合投资者调查重大合同的关键点

（3）对重大诉讼的调查。企业需要向投资者出具尚未了解的重大诉讼、仲裁、行政处罚的相关法律文件与简要说明。相关法律文件包括法院判决书、裁决书、调解书、行政处罚决定书等；简要说明包括案件当事人和代理人、主要事实、受理部门、提起诉讼以及做出行政处罚的日期、处理结果等。

5. 税收调查

在尽职调查中，投资者将调查融资企业是否按时缴纳相关税务、是否存在违反税法及相关法规的行为，以此做出合理的判断。企业需要向投资者提供的税收相关文件如下。

（1）国税、地税登记证明，以及其他税务登记证明。

（2）涉及股东变更的，企业应提供税务机关的变更登记证明。

（3）股东详细纳税资料以及企业现在需要缴纳的费用清单，包括营业税、增值税、所得税、关税、契税、不动产税等。

（4）股东各年度纳税证明（主要涉及国税、地税）。

（5）出具纳税申报表、免抵退税申报表、年终增值税申报表，以及依法纳税证明文件。

（6）如果企业享受政府的税收优惠，须提供相关批准文件。

（7）如果企业在近2年内因为税收问题受到处罚，须提供说明文件，包括税务局发出的缴款通知书、处罚通知书，以及依法缴清罚款凭证。

以上五大项就是投资者在尽职调查过程中会对融资企业进行的法务合规性审查，每一项都非常重要，都关乎投资者对企业的判断与投资意向。因此，企业必须将这部分工作做细做好，争取给投资者留下高印象分。

从四个方面了解企业股权结构

股权结构是企业治理的基础，不同的股权结构设计决定了不同的企业治理结构，直接影响企业的经营行为和经营前景。因此，在尽职调查中，投资者还将重点关注融资企业的股权架构，来了解企业是否具有健康的股权结构，以及股权有哪些需要改正的地方。

1. 股权分配模式

股权结构中最糟糕的设计是股权平分和股权过散，这两种模式都会导致企业内部没有核心控制人，遇到重大决策问题容易陷入僵局。如果企业是这两种股权结构，投资方通常会避而远之。

实际情况中，造成股权平分的原因往往是创业期的"情感因素"。多是因为创业者彼此是好友兼合伙人，进行平分，以让大家都快乐。但这种快乐是短暂的，有了利益瓜葛就会因为权责利划分不清，而引发冲突。

那么，创业期究竟该依据什么划分股权呢？仅仅依据出资额度是绝对不行的，还要考虑创始人身份、早期合伙人身份（包括创始人）和岗位贡献，综合考量才能制定出最合理的股权结构。

（1）股权结构划分中影响最大的是创始人身份（CEO），因为他是企业的发起人兼核心，是项目的牵头人，拥有这一身份的人应该独占一定比例的股权，参考值为25%左右。

（2）早期合伙人身份获得的股权比例应低于创始人身份，根据早期合伙人的多少，平均分配该配额的股权比例，参考值为总和的10%左右。

（3）出资额度对股权分配的影响在于全职的早期合伙人中，提供现金或渠道资源等可以获得额外股权（不包括外部天使资金或种子资金）。这部分的股权比例额度应按早期合伙人早期实际出资比例进行分配，参考值为总和的20%左右。

（4）岗位贡献是早期合伙人所在岗位能给企业带来的预期业绩贡献，只有全职创业的早期合伙人才能获得这部分股份，参考值为总和的15%左右。

这种结合创业者综合贡献的股权方案是比较合理的，因为这既能体现团队对人才的重视，也能考虑到早期合伙人的资本注入情况。

此外，股权分配之前应预留部分股权池，比如按上述理论对创业者分配完股权后，可以留出29%的股权，确保企业在前两三轮融资不会稀释实际控制人的股权比例。

2. 股权成熟设计

股权有"已成熟"和"未成熟"两种。已成熟是达到了股权兑现条件，能够由名义上的股权持有者变成正式的股权持有者，并能自由支配；未成熟是指未达到股权兑现条件，名义的股权持有资格将部分或全部丧失，即不能自由支配未成熟部分的股权，甚至必要时要退回这部分股权。

股权成熟机制对于融资企业有两个好处：绝对公平和吸引人才。因此，股权是否成熟的机制设定必须严谨，既要保证企业利益，也要保证个人利益。

通常情况下，股权成熟以"年"为单位划分。事先通过协议确定成熟的年限要求（统一年限与分段年限），在满足年限要求后，股权成熟。

张三、李四、王五三人合伙创业，股权比例是6∶3∶1。两年后因公司经营未见起色，王五决定退出，但他手上还持有10%的公司股份。根据合伙协议约定，股权按四年成熟。具体规则是：每位创始人股东的股权被均分为四份，每满一年成熟25%，四年期满后，所有股权全部成熟。

王五干了两年，可以享有自己所持股份10%的一半，即5%，剩下的5%就不属于王五了。成熟的5%股份的处理方式，由其余创始人股东按照协议约定的价格进行现金回购。"无主"的5%有两种处理方法：①强制分配给张三和李四，分配比例可以均分，也可以按照现有持股比例确定；②以不同的价格按公平的方式分配给张三和李四，将来可以重新找新合伙人代替王五的位置。

无论选择哪一种处理方法，都需要企业根据自身实际情况而定。而本案例最关键的展示，就是通过股权成熟设计，将已退出的王五的利益限制在退出的那一刻，退出之后的企业利益与他就没有任何瓜葛了。这样的股权架构和股权成熟方案，在投资者看来就属于非常合理的，能够说明企业在控制权和利益分配方面做得很好。

3. 股权激励考核

企业实施股权激励的目的是让内部人员的工作积极性得到最大程度的激发，以保证企业战略目标的完成。在实行股权激励的过程中，行权条件是其最为关键的环节，而考核指标、考核方法在很大程度上决定了行权条件的有效性，影响着整个股权激励计划的最终效果。

股权激励计划的考核分为两个方面：企业业绩考核与激励对象绩效考核，两类考核对象的要求有所不同。

（1）企业业绩考核。企业必须在达到预期战略目标后，才能实施股权激励计划，否则激励计划作废。常用的考核标准有三个：①净利润增长率：净利润增长率越大，说明企业的盈利能力越强；越小，说明企业的盈利能力越弱。②净资产增长率：反映股东权益的收益水平及企业自由资本获得净收益的能力。③经济增加值：从税后净营业利润中扣除包括股权与债务的全部投入资本成本后的所得，即资本投入前是有成本的，只有当企业的盈利高于其资本成本时，股东手中的股权才能增值。

（2）激励对象绩效考核。企业在既定的战略目标下，通过特定的指标对激励对象的工作行为与业绩进行考核，并根据考核结果对其进行正面引导。常用的考核标准有三个：①目标管理法：一种将企业的整体目标逐级分解为个人子目标，然后依据考核对象完成目标的实际情况进行考核的考核方式。②平衡计分卡：以企业的财务、用户、业务、成长四个维度为切入点，把企业的战略目标逐步分解转化为相互平衡的绩效考核指标体系，同时对这些指标的完成情况进行考核。③关键绩效指标：对企业内部某环节的输入与输出的关键参数进行设置、取样、计算、分析。

4. 期权激励计划

期权是满足一定条件时，员工再以事先约定的价格购买企业股权的权利。因此，员工拿到了期权，并不等于拿到了股权，因为只有达到约定条件的，如达到工作业绩、满足工作期限，才能真正取得股权（见图7-4）。

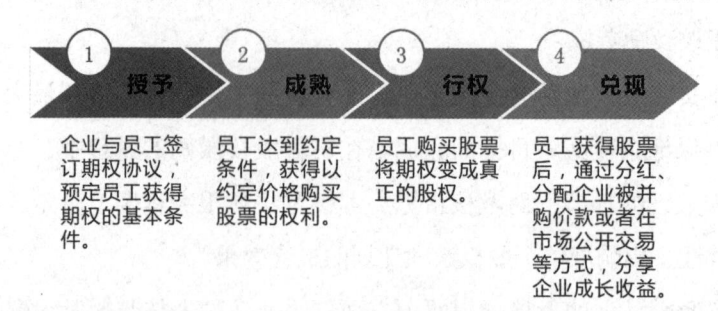

1 授予	2 成熟	3 行权	4 兑现
企业与员工签订期权协议，预定员工获得期权的基本条件。	员工达到约定条件，获得以约定价格购买股票的权利。	员工购买股票，将期权变成真正的股权。	员工获得股票后，通过分红、分配企业被并购价款或者在市场公开交易等方式，分享企业成长收益。

图7-4　期权激励计划的实施步骤

现在很多企业都会在内部实施期权激励计划，以为只要实施就会收获期望的效果。但很多时候会事与愿违，因为这样那样的原因，不仅未能达到预期，反而损害了企业发展。正因如此，投资者对于实施了期权激励计划的融资企业会格外关注，一方面要详细审查以确保自己的利益，另一方面也是希望能找到真正将期权激励做到位的企业。

那么，融资企业究竟该如何做好期权激励计划呢？下面给出六个方面的建议。

（1）掌握发放期权的时间与节奏。对于创业团队的核心成员，通过磨合期即可发放；对于非核心团队成员的普通员工，则需企业发展到一定阶段后再考虑发放。

（2）正确划分可以获得期权的人员。在企业发展早期，通常是创业合伙人、高级管理人员、骨干成员、对企业发展有重大贡献的人，才有机会获得期权。

（3）合理预留期权池总量。一般越是发展早期的企业，期权池预留得就会越大，因为重要人员尚未到位；而发展相对成熟的企业，人才架构接近完备，期权池的消耗也越大，期权池的预留也就越小。

（4）综合考虑岗位期权发放量。可以先按部门分配，再具体到可以获得期权的每一个岗位。

（5）设定兑现条件。这个条件是员工期权的成熟条件，也即行权时间。

常见的期权兑现成熟机制为三种：①4年成熟期，每年兑现25%。②满2年后一次性成熟50%，以后每年兑现25%。③阶梯递增兑现，即第1年兑现10%，第2年兑现20%，第3年兑现30%，第4年兑现40%。当然还有其他成熟机制，企业可根据实际情况而定。

（6）行权价格。期权的行权价格应是企业股权公平市场价值的折扣价，因此与投资者花钱买股票不同，员工通过期权行权购买股票的价格通常很低，而只有这样才能达到激励效果。

综上所述，便是投资方对融资企业股权结构重点调查的四个方面。企业需要在实施融资之前，将企业内部的股权结构调整到位，将可能因为股权分配而导致的控制权隐患、利益分配纠纷隐患等都排除，然后才能展开融资。否则，带着股权隐患去融资，即便项目再好，也很难打动投资者，毕竟隐患就意味着尚未爆发的危机，谁会愿意将真金白银扔进危机中呢？关于这一点，不只是股权结构这一节，上述的经营潜力、财务审计、法务合规性三节同样适用，企业必须先排除隐患，后进行融资。

第八章
PR全流程搭建，获得投资必须得造势

在金融市场日益活跃的背景下，企业想要成功获得融资，除了具备优质的商业模式和稳健的发展策略外，还需要通过有效的宣传"造势"。造势不仅是简单的宣传和推广，更是要通过精心策划的一系列活动，来展示企业的实力、潜力和价值。

提高线上知名度

公共关系（Public Relations，PR），是一种组织为改善与社会公众的关系，促进公众对组织的认识、理解及支持，以达到树立良好组织形象、促进商品销售等一系列公共活动的策略。

因此，将PR用于企业融资，其核心目标是建立与维护积极的企业形象与品牌，以吸引更多的潜在投资者，并赢得投资者的信任。

当今是互联网时代向数字化时代的过渡期，线上的宣传力度要远远超过线下，所以企业打造融资PR体系的第一步，就是要提高线上知名度。无论是通过传统的做广告，还是在线的热点操作，以及自媒体的传播助力，目的都是将企业的知名度传播出去。

造势就是通过各种手段和渠道，提升企业在公众视野中的影响力和知名度。在融资过程中，造势的作用主要体现在吸引投资者关注、提升品牌形象、展示发展潜力。

以某科技企业为例，该企业通过一系列精心策划的线上造势活动，成功吸引了投资者的关注并获得了投资（见图8-1）。

经过一段时间的线上造势，该企业的品牌知名度得到了显著提升，吸引了多家知名投资机构的关注。最终，该企业成功获得了数千万美元的融资，为未来的发展奠定了坚实的基础。

通过上述案例分析可以看到，企业获得融资的过程并非是简单的资金寻求过程，而是一场精心策划的宣传造势之战。结合上述案例和我们对提高线上知名度的各类方式方法的归纳整理，现将提高线上知名度的方法总结如下。

第八章 PR全流程搭建，获得投资必须得造势

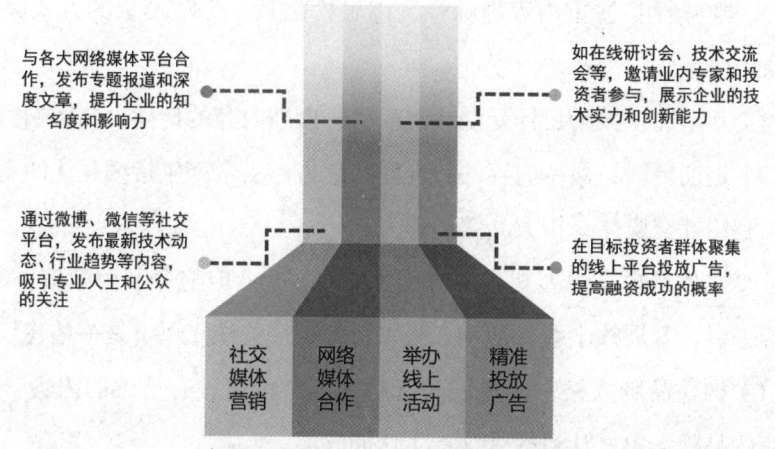

图8-1 某企业线上造势的具体方法

图中标注：
- 与各大网络媒体平台合作，发布专题报道和深度文章，提升企业的知名度和影响力
- 如在线研讨会、技术交流会等，邀请业内专家和投资者参与，展示企业的技术实力和创新能力
- 通过微博、微信等社交平台，发布最新技术动态、行业趋势等内容，吸引专业人士和公众的关注
- 在目标投资者群体聚集的线上平台投放广告，提高融资成功的概率

四个模块：社交媒体营销、网络媒体合作、举办线上活动、精准投放广告

1.精准定位，明确目标受众

企业在制定造势策略前，首先要明确目标受众，即潜在的投资者群体。通过市场调研和分析，了解目标受众的需求、兴趣和行为特点，从而制定更具针对性的宣传策略。例如，一家专注于年轻人的时尚品牌，其目标受众就是年轻人，那么在推广时就需要关注年轻人的热点话题、兴趣爱好等，以此吸引年轻人的关注。

并且根据目标受众的特点和需求，制订详细的宣传计划，包括宣传内容、渠道、时间等。确保宣传活动的连贯性和持续性，以保证投资者的关注度。

2.内容为王，打造高质量资讯

高质量的内容是提高线上知名度的核心。企业应注重内容的创作与传播，以满足目标受众的知情、娱乐、参与等需求。

以下是一些建议：

（1）原创性：企业应尽量发布原创性内容，要彰显出自身特色，以提高竞争力。

（2）实用性：提供具有实用价值的信息，帮助目标受众解决问题，以

增加内容吸引力。

（3）趣味性：注重内容趣味性，以轻松幽默、生动形象的方式吸引目标受众。

（4）互动性：鼓励目标受众参与互动，提高内容的传播力和影响力。

（5）定期更新：保持内容的新鲜度，让目标受众产生持续关注的意愿。

3. 利用社交媒体，扩大品牌影响力

社交媒体是提高线上知名度的重要渠道。企业应充分利用微信、微博、抖音等平台，开展线上线下活动，吸引目标受众关注。以下是一些建议：

（1）构建品牌人格：通过发布有趣味、有价值、有情感的内容，塑造出相应的品牌形象，让目标受众产生认同感。

（2）互动营销：与目标用户保持良好互动，回应关注者的评论和私信，增加粉丝黏性。同时，关注目标受众的反馈和建议，及时调整宣传策略和内容，以便更好地满足他们的需求。

（3）合作营销：与其他知名品牌或 KOL（意见领袖）合作，扩大品牌影响力。

（4）活动策划：举办线上线下活动，吸引更多目标外受众参与，提高品牌知名度。

4. 网络广告投放，提高曝光率

网络广告是提高线上知名度的有效手段。企业可通过搜索引擎广告、社交媒体广告、视频平台广告等形式，提高自身品牌的曝光率。以下是一些建议：

（1）精准投放：根据目标受众的性别、年龄、地域等特征，进行精准投放。

（2）创意广告：制作富有创意的广告内容，以提高点击率和转化率。

（3）数据分析：关注广告投放效果，根据数据反馈及时调整广告策略。

5. 线上线下融合，提升品牌形象

综合运用各种线上宣传手段，如社交媒体、新闻媒体、网络广告等，形成多渠道、多角度的宣传网络。同时，还要注重线上线下融合发展，如组织线下活动、参加行业展会等，来进一步提高品牌的曝光度和认知度。以下是一些建议：

（1）线下活动：举办各类线下活动，如新品发布会、展会等，吸引媒体关注。

（2）公关传播：加强与媒体、政府、行业协会等的关系维护，提高品牌形象。

（3）口碑营销：注重用户口碑，鼓励满意的用户在线上进行好评传播。

总之，企业要想获得投资，必须提高线上知名度。在宣传过程中，要注重塑造企业的专业形象，展示出企业的技术实力和市场优势。通过发布高质量的内容、邀请行业专家进行解读等方式，提升投资者的信任度和好感度。在实施这些策略时，企业还须进行持续优化和调整，以适应不断变化的市场环境。在未来的发展中，企业应当继续注重造势的作用，不断提升自身的品牌影响力和市场竞争力。

让媒体为企业站台

在现代商业环境中，企业为了获得投资，不仅需要拥有强大的产品力和市场潜力，更需要在公众视野中塑造出独特的形象和影响力。这其中，媒体的作用不容忽视。媒体不仅能够传递信息，更能够塑造品牌形象，引导公众舆论，从而为企业吸引投资创造有利条件。

媒体是信息传播的重要渠道，企业通过媒体宣传，可以让更多的人了解企业。在投资决策过程中，投资者往往会关注企业的知名度，因为知名度高意味着企业有较强的市场竞争力。而通过媒体造势，企业就可以提高自己的知名度，来吸引投资者的关注。

企业可以通过媒体发布各类信息，如业绩报告、发展动态、项目进展等，让投资者及时了解企业的情况。企业也可以借此传递自己的价值观、企业文化、产品特点等，这样投资者对企业的了解会更加全面立体。此外，企业还可以通过媒体回应投资者关注的各类问题，提高投资者对企业的好感度。不可否认，一个具有良好形象的企业更容易获得投资者的信任，从而提高投资的可能性。

企业在媒体上公开透明地展示自己，可以让投资者对企业有更清晰的认识，这有助于投资者做出更明智的投资决策。同时，媒体宣传还可以提高企业的透明度，降低企业违规风险。

因此，媒体的声音能在一定程度上左右公众和投资者的判断，通过媒体造势，可以引导投资方向，促使投资者做出有利于企业的决策。

拼多多是一家快速崛起的电商平台，其成功的背后离不开媒体造势的助力。拼多多通过与主流媒体合作，大力宣传其独特的社交电商模式和优惠政策，吸引了大量用户的关注和参与。同时，拼多多还善于利用社交媒体平台，通过用户分享、裂变式传播等方式，不断扩大其品牌影响力。这种媒体造势策略不仅为拼多多带来了大量用户，也赢得了投资者的青睐，为其快速发展提供了有力支持。

媒体造势不仅是企业获得投资的重要手段，更是其长远发展的必要支撑。通过媒体造势，企业不仅可以吸引投资，还可以增强品牌影响力，提高市场竞争力，实现可持续发展。

以上我们说了媒体对于企业造势的作用，并以具体案例说明了借助媒体造势对企业融资的好处。那么具体应该如何让媒体为企业站台呢？下面来给大家进行详细介绍。

（1）选择合适的媒体渠道。企业应根据自身的行业特点和目标受众，选择合适的媒体渠道进行宣传。例如，互联网企业可以选择网络媒体进行宣传，传统制造业可以选择实体广告、电视等传统媒体。同时，企业还应关注新兴媒体的发展趋势，如短视频、直播等，以拓宽自己的宣传渠道。

（2）制定媒体宣传策略。企业应制定有针对性的媒体宣传策略，要结合企业自身优势和市场需求，来传递出企业的独特价值。在宣传过程中，企业可以采用多种形式，如新闻报道、专题访谈、广告宣传等，以强化宣传效果。

（3）建立良好的媒体关系。企业应积极与媒体建立良好的关系，以便在需要宣传时能够得到媒体的支持。企业可以定期与媒体沟通，提供新闻素材，参与媒体活动，以增进与媒体的了解和信任。

（4）注重宣传内容的真实性。企业在媒体宣传中应注重内容的真实性，要避免夸大其词或发布虚假信息。因为一旦被发现宣传内容不实，企业将失去投资者的信任，影响投资效果。

（5）善于利用事件营销。企业要善于利用事件营销，通过策划或参与具有话题性的事件，吸引媒体和投资者的关注。例如，企业可以参与公益活动、行业论坛、产品发布会等，以提高企业的曝光度。

（6）巧妙进行危机公关。在企业面临危机时，通过媒体能及时、准确地传递信息，这可以消除误解，维护企业形象。

总之，在当今信息时代，媒体对企业投资的影响力不容忽视。企业要想获得投资，就必须善于利用媒体的力量，为自己造势。展望未来，随着媒体技术的不断发展和受众需求的不断变化，媒体造势的策略和手段也将不断创新和演进。企业应保持敏锐的市场洞察力和创新精神，不断探索和实践新的媒体造势方法，以适应未来商业竞争的新挑战和新机遇。

打造企业创始人IP

在现代商业生态中，企业不能仅仅依赖于产品、技术或市场策略来获得投资人的青睐，特别是在高度竞争和信息化的社会背景下。现在企业创始人的个人品牌（IP）已经成为吸引投资的重要因素，一个有影响力的创始人IP能够展现企业的独特魅力、价值观和长期发展潜力，从而吸引投资者的目光。

创始人IP，即创始人个人品牌，是指企业创始人通过个人魅力、价值观、专业背景、行业影响力等因素，构建起的独特的个人形象和品牌效应。在互联网时代，创始人IP具有极高的传播价值和吸引投资者的潜力。

创始人的个人品牌可以为企业带来更高的曝光度，让更多的人了解企业和企业的产品、服务。这对于吸引投资者的关注具有重要意义。

创始人IP可以传递企业的价值观和文化，让投资者更好地理解企业的愿景和使命。这将有助于投资者判断企业是否具有长期发展的潜力。

一位有着丰富经验、良好声誉和独特见解的创始人，能够给投资者带来更多的信任感和安全感。这将有助于企业在融资过程中获得更高的估值和更好的投资条款。

在众多企业中，拥有独特创始人IP的企业更容易脱颖而出，吸引投资者的目光。这将有助于企业在激烈的市场竞争中取得优势。

罗永浩作为锤子科技的创始人，凭借其独特的个人魅力和对产品的极致追求，成功塑造了个人IP。他通过社交媒体、公开演讲等方式，不断传递着锤子科技的创新理念和产品设计哲学。这种独特的品牌形象吸引了大量粉丝和投资者的关注，让锤子科技实现了多轮融资。尽管锤子科技在市场上仍面临着诸多挑战，但罗永浩的个人IP在一定程度上为企业赢得了投资人的信任和资金支持。

雷军作为小米科技的创始人和领导者，通过其独特的领导风格和前瞻性的市场洞察力，成功打造了个人IP。他善于利用社交媒体与粉丝互动，分享小米的产品理念和创新成果。同时，雷军还通过公开演讲、书籍出版等方式，不断传递着小米的核心价值观和长远发展规划。这些努力使得小米科技在短短几年内便迅速崛起，成功吸引了众多国内外投资者的青睐。

打造企业创始人IP是一个长期的过程，需要创始人具备独特的个人特质、远见卓识和市场洞察力。同时，还需要通过持续的内容输出、公开演讲与互动等方式，不断提升个人IP的知名度和影响力。在这个过程中，创始人需要保持与市场和投资者的紧密沟通，不断传递企业的核心价值观和长远发展规划，以赢得投资者的信任和资金支持。

创始人打造个人IP的具体方法如下。

（1）明确个人定位。创始人需要明确自己的价值观、核心特质和竞争优势，如罗永浩的创新精神、雷军的市场洞察力等，从而确定个人品牌的定位。

（2）塑造独特形象。创始人需要注重个人形象的提升，包括穿着打扮、言行举止等方面，通过这些来塑造独特的个人形象。一个良好且独特的个人形象可以给投资者留下深刻的印象。

（3）发挥社交媒体作用。创始人应充分利用社交媒体平台，分享自己的观点、经验和故事，来扩大个人品牌影响力，而这将有助于提高个人与企业的知名度和关注度。

（4）持续的内容输出。创始人应通过社交媒体、微博、社群、书籍等渠道，持续输出与品牌定位相符的高质量内容，以增强个人IP的影响力和认可度。

（5）参与行业活动和公开演讲。创始人应积极参与公开演讲、论坛、访谈等活动，来展示自己的专业知识和领导能力，并与公众和投资者建立深度互动，来展示个人魅力和专业素养。

（6）建立良好的人脉关系。创始人需要积极拓展人脉，与行业内的专家、投资者和合作伙伴建立良好的关系，这将为企业带来更多的投资机会。

（7）危机管理与公关。在企业面临危机时，创始人要果断应对、积极沟通，维护个人IP的声誉和信誉。

总之，在企业融资过程中，打造创始人IP具有重要的作用。通过打造创始人IP，企业可以提升知名度、凸显核心竞争力、增强投资者信心和打造差异化竞争优势。因此，打造创始人IP并非简单的个人包装和宣传手段，而是需要与企业战略、市场定位和品牌价值紧密相连。只有当创始人IP与企业的整体形象和发展战略相契合时，才能最大程度发挥其吸引投资的作用。

未来，随着市场竞争的加剧和投资者对企业创始人关注度的不断提升，打造企业创始人IP，将成为越来越多企业的选择。企业要抓住这一机遇，积极探索和实践创始人IP的打造策略和方法，为企业的发展注入新的动力。

欢迎投资者实地考察

当前市场经济条件下，企业的发展离不开资金的注入，而投资者在决定是否投资前，会对企业进行实地考察，以了解企业的真实情况。实地考察能够让投资者更加直观地了解企业的生产环境、技术实力、市场渠道、管理能力等方面，进而了解企业的运营状况、团队实力和市场前景，这不仅有助于投资者做出更准确的投资决策，还能增强投资者的信心，并促成投资决策。因此，企业要想获得投资，就必须在迎接投资者实地考察上下功夫。

某农产品电商平台致力于解决农产品产销对接问题，形式主要为通过线上平台连接农户和消费者，实现农产品的直供直销。为了吸引投资者，该公司采取了以下策略。

首先，开放透明地展示运营情况。该公司邀请投资者参观了公司的运营中心，展示了平台的运营数据和用户反馈。通过实地观察和数据分析，投资者能够深刻感受到公司业务的稳定性和增长潜力。

其次，精心准备考察日程。为了确保投资者能够获得充分的信息和满意的考察体验，该公司精心策划了考察日程。包括了公司介绍、技术研发展示、生产线参观、市场应用案例分享等多个环节，让投资者全面了解了公司的实力和潜力。

再次，实地考察农产品供应链。为了让投资者更加了解公司的业务模式和市场竞争力，该公司还安排投资者实地考察了农产品供应链，包括农产品种植基地、采购环节和物流配送等。帮助投资者全面了解了公司的供应链管理和质量控制能力。

最后，投资者参与业务体验。在实地考察过程中，该公司还邀请投资者参与平台的业务体验，如下单购买农产品、参与促销活动等。通过亲身参与和体验，投资者更加深入地了解了公司的产品和服务，增强了投资者的投资信心。

经过实地考察，多名投资者对该公司的业务模式、运营能力和市场前景给予了高度认可，并决定进行投资。

通过以上案例分析可以看到，邀请投资者进行实地考察是企业融资过程中的重要环节。企业应当积极准备和策划实地考察活动，主动邀请投资者参与，并充分展示自身的优势和潜力。通过实地考察来与投资者进行深入互动和沟通，企业可以与投资者建立更加紧密和信任的关系，进而提高融资的成功率。

（1）提前策划与准备。企业在邀请投资者进行实地考察之前，应提前进行策划和准备。包括确定考察时间、地点、日程安排、对接人员等，确保考察过程有序且高效。同时，还应准备好相关的企业资料、产品介绍、市场分析报告等，以便投资者能够全面了解企业的情况。

（2）主动邀请与沟通。企业应主动邀请潜在投资者进行实地考察，并通过多种渠道与投资者进行沟通和互动。可以通过行业会议、投资机构推荐、投资者关系管理等方式，与投资者建立联系并传达企业的融资需求和发展愿景。

（3）提供定制化考察体验。企业应根据投资者的兴趣和需求，提供定制化的考察体验。例如，可以安排投资者参观企业的生产线、研发中心、市场渠道等，让投资者深入了解企业的运营状况和技术实力。同时，还可以邀请投资者参加企业的内部会议、座谈会等活动，增强投资者对企业的认同感和归属感。

（4）展示企业优势与潜力。在实地考察过程中，企业可以通过展示企业的技术创新成果、市场应用案例、未来发展规划等方式，让投资者看到企业的潜力和价值。同时，还应注重与投资者的互动和沟通，要及时解答投资者的问题和疑虑，以增强投资者的信任感。

（5）跟进与投资决策。实地考察结束后，企业应及时跟进与投资者的沟通和联系。可以通过邮件、电话等方式，向投资者发送感谢信和考察报告，再次表达企业的融资需求和发展愿景。同时，还应关注投资者的反馈和意见，来及时调整和完善企业的融资策略。最终，通过深入的沟通和合作，实现投资者的投资决策和融资目标的达成。

同时，企业还应将造势与欢迎投资者实地考察结合起来，通过有效的宣传和展示，提高企业的知名度和吸引力，加强与投资者的沟通和合作，以便让投资者为企业的发展提供充足的资金支持。

然而实地考察不应仅仅是一次性活动，而应是一次有持续影响力的活动。投资者在实地考察后，可能会提出更深入的问题和考虑，企业需要及时回应并提供所需的信息（见图8-2）。

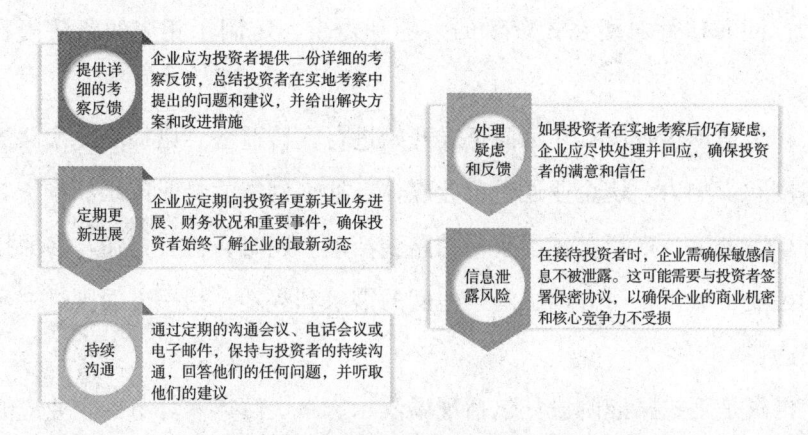

提供详细的考察反馈	企业应为投资者提供一份详细的考察反馈，总结投资者在实地考察中提出的问题和建议，并给出解决方案和改进措施
定期更新进展	企业应定期向投资者更新其业务进展、财务状况和重要事件，确保投资者始终了解企业的最新动态
持续沟通	通过定期的沟通会议、电话会议或电子邮件，保持与投资者的持续沟通，回答他们的任何问题，并听取他们的建议

处理疑虑和反馈	如果投资者在实地考察后仍有疑虑，企业应尽快处理并回应，确保投资者的满意和信任
信息泄露风险	在接待投资者时，企业需确保敏感信息不被泄露。这可能需要与投资者签署保密协议，以确保企业的商业机密和核心竞争力不受损

图8-2 实地考察后的关系维护与风险防范

如今，实地考察作为一种重要的融资手段，已经被越来越多的企业所采用。通过深入了解企业的实际运营情况和潜力，投资者能够做出更加明智的投资决策。同时，企业也应充分认识到实地考察的重要性，并积极策划和准备，以确保投资者能够获得满意的考察体验。未来，随着融资市场的不断发展和投资者对企业价值评估的日益成熟，实地考察将成为企业融资过程中不可或缺的重要环节。

超级路演的节奏

超级路演作为一种高效的融资方式，其节奏安排至关重要。通常，一场成功的超级路演会经历准备阶段、预热阶段、正式路演阶段和后续跟进阶段。现在结合一个具体案例来让大家看看这几个阶段的具体工作内容。

某科技公司是一家专注人工智能领域的创新型企业。为了寻求资金支持，该公司进行了一场精心策划的超级路演。

首先是准备阶段：主要包括确定路演目标、准备路演材料、筛选潜在投资者等。该公司明确了融资需求，整理了一套清晰、有说服力的商业计划书；同时，针对潜在投资者的兴趣和需求，定制了相应的路演内容和形式。

其次是预热阶段：在路演正式开始进行宣传造势，以提高此次路演的知名度和影响力。该企业通过行业媒体、社交网络、专业论坛和投资者关系管理等渠道，广泛宣传了公司的路演活动。同时，该公司还与多家投资机构建立了联系，一方面了解了他们的需求和兴趣，另一方面则进一步为路演造势。

再次是正式路演阶段：包括现场演示、答疑解惑等环节。企业应充分展示自身的商业模式、市场前景、竞争优势等，与投资者深入交流，解答他们的疑问。该公司在现场演示环节展示了其领先的人工智能技术、市场发展计划及商业模式。同时，公司创始人和核心团队成员亲自上台，以故事叙述的方式，向投资者阐述了公司的成长历史、愿景使命和核心价值观。在答疑解惑环节，该公司团队积极回应投资者的问题，展现了他们高度的专业素养。

最后是后续跟进阶段：路演结束后，企业应及时跟进，与投资者进行沟通，提供进一步的信息和资料，并积极回应投资者的反馈。该公司积极与投资者沟通，提供了投资者感兴趣的其他资料，如技术分析资料、市场调研报告等。经过多轮深入交流，最终成功获得了一家知名投资机构的投资。

通过以上讲述可以看出，该公司整个路演流程把控得非常精准，每一个环节都做到了尽可能放大企业的价值，吸引了投资者的注意。这样的商业路演就可以被称为是超级路演，因为它确实达到了预期效果。

但真正检验超级路演的，还不只是环节的设定，还包括节奏的控制。即超级路演的节奏必须紧凑有序，确保在有限的时间内充分展示企业的价值和潜力。而且，节奏性强的超级路演，通过有效的节奏控制，可以让听众更加专注、理解和记忆路演内容。那么，一个好的超级路演节奏应该具备哪些特点呢？

（1）清晰的结构。一个好的超级路演节奏应该有一个清晰的结构，包括开头、中间和结尾。在开头部分，应该用一两句话简洁明了地介绍演讲主题和目的，让听众明确演讲的方向和重点。在中间部分，应该有条理地展开演讲内容，每个部分之间应该有自然的过渡，让听众容易跟随演讲的思路。在结尾部分，应该用一两句话总结演讲的主要内容，强调演讲的重点和意义，让听众加深印象。

（2）适当的语速和语调。在超级路演中，适当的语速和语调非常重要。语速不应该太快，以免听众难以理解；也不应该太慢，以免听众感到无聊。要根据听众的反应和演讲的内容调整语速和语调，让听众感到舒适和自然。

（3）互动和反馈。在超级路演中，与听众互动和获取反馈是非常重要的。可以通过提问、邀请听众发言或进行投票等方式，与听众互动并获取他们的反馈。这样既能增加听众的参与感和兴趣，也可以帮助演讲者更好地了解听众的需求和反馈，以便更好地调整演讲内容和节奏。

（4）控制时间和进度。在超级路演中，控制时间和进度非常重要。应该在演讲前制定一个明确的时间表，确定每个部分的演讲时间，并在演讲过程中严格遵守。如果发现演讲时间不够或者过多，可以适当地调整演讲内容和节奏，以确保演讲能够按时完成。

（5）适应听众。在超级路演中，适应听众是非常重要的。应该了解听众的需求和兴趣，并根据听众的特点和反应调整演讲内容和节奏。例如，如果听众对某个话题非常感兴趣，可以适当地增加相关内容的时间和深度；如果听众对某个话题不太感兴趣，可以适当地减少相关内容的时间和深度。

（6）适当的视觉辅助。在超级路演中，适当的视觉辅助可以帮助听众更好地理解和记忆演讲内容。可以利用幻灯片、图表、图片等视觉辅助材料，帮助听众更好地了解演讲内容，并增加演讲的吸引力和说服力。

通过有效的节奏控制，可以让听众更加专注、感兴趣和参与其中，从而达到更好的演讲效果。但是，必须知道，路演过程中可能会出现各种不可预测的情况，如投资者的质疑、现场氛围紧张等。企业应提前做好应对策略，保持冷静和自信，灵活调整路演内容和节奏。总之，通过精心策划和执行超级路演，企业可以充分展示自身的价值和潜力，并吸引投资者的关注和支持。

融资产生背书效应

融资，作为企业发展的关键环节，不仅能为企业带来资金支持，还能提升企业的品牌价值、市场地位和信誉度。在融资过程中，通过有效的背书策略，可以让融资产生背书效应，进而实现企业价值的最大化。

融资背书通常分为融资过程中的背书和融资后的背书两种。融资过程中的背书是指企业在融资过程中，通过一系列的信用担保、品牌推荐、业务合作等方式，获得其他具有较高信誉度和实力企业的支持，以提高自身的融资信用和成功率。融资背书既可以表现为企业之间的互保，也可以是第三方对企业融资的担保。

融资后的背书是指企业在获得一轮融资后，因资金实力增强、业务前景被认可而进一步吸引后续投资的行为。融资背书不仅能证明企业的价值和市场潜力，更是企业实力和信誉的象征。

融资背书的目的在于降低融资风险，提高融资效率，为企业的发展创造良好的融资环境。因此，无论是哪一种融资背书，这种效应都能为企业带来更多的资金支持和合作机会，并推动企业快速发展。

某新能源科技公司在初创阶段便展现出了独特的技术优势和市场前景。

在选择背书伙伴时，充分考虑了对方的信誉度、实力和业务互补性，来确保了背书效应的最大化。同时加强了与背书企业之间的沟通与协作，共同应对了融资过程中的风险和挑战。为了给融资背书提供有力支撑，该公司在此期间不断提升自身的核心竞争力、创新能力和管理水平，并加大品牌建设力度，不断提高品牌知名度和美誉度。

在顺利获得首轮融资后，该公司向外界充分展示其首轮融资成果，并公示资金的使用情况和取得的成绩，进一步增强了投资者对企业的信心。该公司还积极与投资者和潜在投资者保持沟通，及时回应投资者和潜在投资者的关切和疑问，建立了良好的信誉和口碑。

企业在获得融资背书后，积极寻求与产业链上下游企业的合作机会。通过与优质合作伙伴的联动，进一步提升了自身的市场地位和竞争力。

正是由于该公司不断提升自身的综合实力和管理水平，进一步增强了投资者的信心，也成功吸引了更多投资者的关注。这些投资者不仅看中了该公司的技术优势，也看中了首轮融资所带来的背书效应，更看中了该公司不断提升的市场认可度。而这些让该公司又成功获得了多轮后续融资，实现了快速发展。

通过对该企业案例的解读，可以看出融资背书在企业经营过程中起到的积极作用，我们可以将它概括为提高融资信用、增强市场竞争力、优化融资结构和促进业务发展四个方面。因此，让融资产生背书效应是企业发展的重要策略之一，企业应充分认识到融资背书的重要性，来实现更多的融资成果。

然而，企业在利用融资背书效应的过程中也面临着一些挑战，如信息透明度要求提高、投资者期望与压力增加以及市场竞争与风险挑战等（见图8-3）。

随着融资规模的扩大，投资者对企业的期望和压力也会相应增加。企业需要平衡好投资者期望与企业自身发展节奏的关系，确保稳健发展

投资者期望与压力增加

信息透明度要求提高

随着融资轮次的增加，企业需要更加透明地向投资者展示其运营状况和未来发展计划。这要求企业加强内部管理和信息披露制度的建设

市场竞争与风险挑战

获得融资背书后，企业将面临更多的市场竞争和风险挑战。企业应通过持续创新和市场拓展来应对这些挑战，确保在激烈的市场竞争中保持领先地位

图8-3 融资背书的挑战与对策

仔细分析融资挑战可以看出，因为企业强大了，所以"树大招风"，才会引发出诸多之前未曾遇到的问题。企业从弱小走向强大的过程，也正是不断迎接挑战、战胜挑战的过程。所以，有挑战并不可怕，甚至走一些弯路也不可怕，只要大方向是正确的，只要坚持不懈求突破、求发展，企业必会朝着既定目标大踏步前行。

第九章
撰写商业计划书，描绘企业发展蓝图

撰写融资商业计划书不仅是寻求资金的过程，更是对企业未来发展蓝图的全面描绘。本章将围绕七大核心要点展开：产品定位、竞品调查、关键数据、团队运营、资金规划、经营收益、资本退出。通过制定的计划书，企业要能向投资者展示一个清晰、可行且充满潜力的发展蓝图。

产品定位：全方位阐述核心卖点

专业的商业计划书对于融资企业而言，既是获得融资的必备材料，也是企业对自身现状与未来发展战略全面思索与重新定位的过程。那么，这样的思索与定位通常从何处着手呢？从产品定位着手。

市场上的产品有很多种，但是用户的需求是有限的。一款产品不能也无法满足所有用户的需求，其实绝大多数成功的产品只是满足了少量用户群体的某一个需求，因此，融资企业只需要针对某个用户群体的某个痛点设计产品卖点即可。

在商业计划书中描述产品，实质上就是在回答投资者关注的一些关键问题，如具体目标受众有哪些？目标受众的痛点是什么？产品通过什么切入点解决了目标受众的痛点？本项目的解决方案与市场中的竞争对手相比有哪些优势？

1. 目标受众有哪些

即产品是给谁用的，对应的目标市场是哪些。

2018年5月，小米MIUI系统的月活跃用户数达到了1.9亿。而这近2亿用户是从最初的100位用户发展而来的，那时的雷军为了培育这点"星星之火"，每天都会用一个小时的时间回复微博上的评论，且规定即使是工程师也要按时回复论坛上的帖子。在每一个帖子后面，都会显示这个建议被采纳的程度，以及解决该问题的工程师ID，这就给了用户被重视的感觉。小米在线下每两周就会在不同的城市举办同城会，举办的顺序由后台分析得出的每个城市的用户数量来决定，极大地刺激了小米用户的参与热情。

正是小米为把握住目标受众所做出的一系列努力，让种子用户主动通过关系链进行口碑传播，帮助小米逐步占领了目标市场。

2. 目标受众的痛点是什么

痛点是目标受众在日常的工作生活中遭遇的各种麻烦。如果受众无法解决困扰自己的麻烦，就会导致情绪始终陷入其中，进而产生痛苦，这就是痛点的由来。

因此，目标受众需要一种能够帮助自己化解痛点的产品或方法，让自己的生活状态恢复正常。在谷歌工作九年的阿里尔·杰克森认为："市场上的产品有很多，但是用户需求是有限的。突破有限的切入点就是针对用户痛点，满足用户的需求。"

这一点在商业计划书中必须着重体现，可以分为以下三步进行。

（1）确定目标受众痛点：源于对产品所针对的目标市场的细分、选择与定位。且痛点要有高感知频率，能在日常生活中经常感受到。

（2）提炼目标受众痛点：需要对目标受众使用体验有充分的了解，深刻洞察受众在使用产品时的感受。

（3）表达目标受众痛点：帮助目标受众道出心底呼声，然后用理性和感性的分析与理解，洞察受众未被满足的需求。理想的痛点陈述应该达到的效果为：①巨大反差：针对现有目标受众痛点，指出融资项目的解决方案会带来什么样前所未有的变化，解决前与解决后的巨大反差更容易引起投资者的兴趣。②标新立异：让投资方对融资项目所提出的解决方案产生新、奇、特的印象，也能很好地吸引他们的兴趣。③直戳人心：提出一些投资方隐约感到但并没有清晰意识到的主张，融资企业的项目就会直入人心，由此提出的目标受众痛点也会激起强烈的共鸣。

3. 产品通过什么切入点解决目标受众痛点

在商业计划书中，介绍产品主要是介绍如何解决目标受众的痛点，解决方式是什么，以及选择这种方式的理由。

通过这些介绍，引出融资企业有哪些资源，研发产品的成本如何，目标用户数量、用户增量与用户转化率是怎样的，产品有无技术或渠道壁垒等。只有让投资者充分认识到产品的竞争优势，才可能引起他们的兴趣。

同时，要说明产品满足目标受众需求的方式。切记，不是回答"产品能做什么"，而是回答（对目标受众）"我们能做什么"。这里需注意西奥多·莱维特的警告："用户不是想买一个1/4英寸的钻孔机，而是想要一个1/4英寸的孔。"因此，针对钻孔机进行项目融资的商业计划书就是告诉目标受众"产品能做什么"，而针对能实现孔这个痛点的产品进行项目融资的商业计划书则是告诉目标受众"我们能做什么"。

4.融资企业的解决方案有什么竞争优势

在回答竞争优势或者产品差异化的问题时，融资企业要将重点放在壁垒上。产品的壁垒越坚固，投资者的投资意向就越强。

下面，介绍一个经典的商业计划书陈述产品的公式，以便于大家更好地掌握这部分内容。

产品的存在针对于××用户群+描述潜在用户群+产品属于××类别+产品核心卖点+与竞争对手产品的主要区别

该公式可以帮助融资企业对产品做出尽可能清晰的定位，要完整地列出这个公式，需要思考几个关键性问题。

（1）产品核心功能和目标受众之间的痛点是否匹配？（仅讨论核心功能）

（2）目标受众会因为痛点产生什么样的情绪？（正面的和负面的）

（3）其他竞争对手如何解决目标受众的痛点需求？（竞品的优势和劣势）

（4）目标受众的最大范围？（由宽泛到具体）

（5）描述专属目标受众的特点？（即最核心用户，极大可能成为种子期用户）

（6）产品的功能与效果对比竞品有何不同？（必须客观）

（7）产品能达到这种效果的理由？（所有的理由）

回答上述问题不是一次性可以完成的，需要多次反复进行，也需要经营团队的集思广益。当企业经营者能够全面、深入、客观地回答上述问题时，就会发现产品的定位已在不知不觉中变得清晰了。

总而言之，产品是企业的核心，投资者最为关注的就是融资企业如何利用产品做出成绩。产品名字、产品特征、用户画像和品牌信息等都源自产品定位。因此，在商业计划书中对产品定位的精确陈述，不仅能帮助投资者了解融资企业，还能帮助投资者建立投资信心。

竞品调查：主要竞争对手的优势和劣势

在商业计划书中必须对竞品进行详细分析，以帮助企业经营者深刻认识市场，正确识别出直接的或潜在的竞争对手，并看清自己与对手的差异，来找出自身优势与解释。同时，这样的分析也是本着对投资方负责的态度，将此次融资项目的利弊予以客观阐述，以减少投资者的不确定性，增强投资方的投资信心。因此，在商业计划书中详细阐述竞品调查，既能给企业经营带来直接的益处，也能因此获得投资者的赞许而获得间接收益。

在对竞争对手进行分析之前，融资企业首先要找出哪些企业是真正的竞争对手。因为并非所有本行业的其他企业都应列为主要竞争对手。

竞争对手的选择，需要确定领域和细分市场，通过竞争目标锁定竞争对手。融资企业对未来发展的预期，决定了其为之奋斗的目标。在实现目标的过程中，会遭遇到本行业的很多竞争对手，与企业有相同目标的就是直接竞争对手，与企业有相似目标的就是间接竞争对手，与企业有不同目标的就是次要竞争对手。

企业的生存、发展、壮大，犹如潮起潮落，发展起来了也不一定就会永远强大，壮大起来了也不意味着就能永远兴盛。因此，融资企业的竞争对手的确立并非一成不变，不仅要根据当下实际情况锁定直接竞争对手，也要同时关注其他间接竞争对手和暂时还够不上威胁的次要竞争对手。即便是当下处于合作伙伴关系的企业也要小心，利益博弈，合作与破裂往往只在一线之间。

融资企业需要呈现给投资者的,是如何通过市场分析确定主要竞争对手,并且找准主要竞争对手的优势和劣势,对比融资企业自身的优势和劣势,将竞品调查和企业竞争措施呈现出来。通常,商业计划书的竞品分析主要体现在以下八个方面。

(1)竞品公司概述。在进行融资商业计划书的竞品调查时,首先要对目标竞品公司进行概述。包括竞品公司的基本信息,如成立时间、注册资本、股权结构、公司规模、员工人数等。此外,还需要了解竞品公司的业务领域、发展历程、主要成就以及行业中的地位和影响力。通过对竞品公司的整体了解,可以更好地把握其竞争优势和潜在威胁。

(2)市场定位与策略。竞品公司的市场定位是其在目标市场中的位置和形象。需要分析竞品公司是如何确定其市场定位的,包括目标市场、客户群体、市场细分等。同时,还要研究竞品公司的市场策略,如品牌建设、产品定位、渠道策略等。这些策略的选择将直接影响竞品公司在市场中的竞争力和发展潜力。

(3)产品或服务特点。竞品公司的产品或服务是其核心竞争力的体现。需要详细分析竞品公司的产品或服务特点,包括功能、性能、价格、质量、交付方式等。通过对比竞品公司与自身产品的优劣,可以更加清晰地认识自身产品的竞争力和改进空间。

(4)技术创新能力。技术创新能力是竞品公司保持竞争优势的关键因素之一。需要评估竞品公司的技术研发投入、技术团队实力、新产品开发速度以及专利申请情况等方面。通过对比分析,可以了解竞品公司的技术实力和创新潜力,为自身公司的技术研发提供参考。

(5)营销与销售渠道。竞品公司的营销与销售渠道是其市场推广和产品销售的重要手段。需要深入研究竞品公司的营销策略,包括广告渠道、促销活动、品牌建设等。同时,还需要分析竞品公司的销售渠道,如线上平台、线下门店、代理商等。通过对竞品公司营销与销售渠道的了解，可以为公司制定更加有效的市场推广和产品销售策略提供借鉴。

（6）财务状况与盈利。财务状况是反映竞品公司经济实力和运营效率的重要指标。需要对竞品公司的财务状况进行详细分析，包括收入、利润、现金流、负债等。通过对比竞品公司的盈利能力、成本控制能力和资金运作能力等方面，可以更加全面地了解竞品公司的经济实力和发展潜力。

（7）用户反馈与市场份额。用户反馈和市场份额是反映竞品公司产品或服务受欢迎程度的重要指标。需要收集和分析竞品公司的用户评价、社交媒体反馈、用户满意度调查等数据，了解竞品公司用户的满意度和忠诚度。同时，还需要了解竞品公司在目标市场中的市场份额和变化趋势。通过对竞品公司用户反馈和市场份额的分析，可以更加准确地了解竞品公司的市场表现和竞争优势。

（8）发展趋势与风险。最后，需要对竞品公司的发展趋势进行预测，并评估公司可能面临的风险。包括行业发展趋势、竞品公司的发展战略、潜在竞争对手的出现等因素。通过对竞品公司发展趋势的预测和风险评估，可以为公司制定更加明智的发展战略和应对措施提供参考。

综上所述，融资商业计划书的竞品调查是一个全面、深入的过程。通过对竞品公司的八个方面的全面而详细的分析，融资企业可以更加清晰地了解竞品公司的竞争优势和潜在威胁，从而为制订更加有效的商业计划和融资计划提供有力支持。

关键数据：产品以外的直观体验

在编写融资商业计划书时，数据的有效呈现至关重要。一份优秀的商业计划书能够通过精确的数据分析，向投资者清晰地展示企业的市场潜力、财务稳健性、增长动力、竞争优势、风险应对能力以及未来的发展前景。本节将详细阐述在融资商业计划书中，如何恰当地呈现关键数据，并辅以相关案例进行说明。

1. 财务状况概览

财务状况概览部分应包含企业的历史财务报表，如利润表、现金流量表和资产负债表。此外，还要提供关键财务指标，如收入、利润、毛利率、净利率等，并进行分析和解释。同时，对未来财务状况的预测也必不可少，这有助于投资者了解企业的盈利能力和长期发展前景。

一家科技公司在商业计划书中，详细列出了过去三年的财务报表，并对关键财务指标进行了深入分析。此外，还提供了未来五年的财务预测，包括收入增长、成本控制和盈利预期等，使投资者能够全面评估企业的财务状况，从而使他们获得了预期投资。

2. 市场规模与预测

在描述市场规模与预测时，应提供行业报告或第三方数据来源，以确保数据的权威性和可靠性。此外，要清晰展示目标市场的大小、增长趋势以及潜在的市场空间。比如，可以使用图表（如柱状图或折线图）来展示市场规模的历史变化、预测增长率以及相对于竞争对手的市场份额。

某在线教育平台在商业计划书中，展示了近年来在线教育市场的年复合增长率，并通过柱状图展示了不同年龄层和不同学历的用户对在线教育的需求率，从而证明了市场的广阔和增长潜力（见图9-1）。

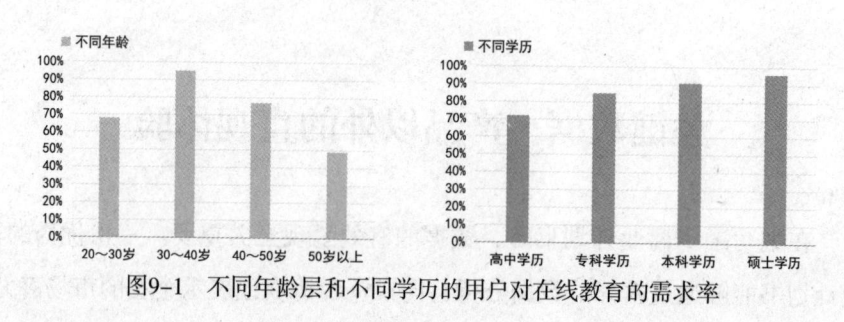

图9-1 不同年龄层和不同学历的用户对在线教育的需求率

3.用户增长与留存

用户增长与留存是衡量企业产品吸引力和市场接受度的重要指标。在呈现这些数据时，应关注用户数量、活跃度、留存率等关键指标，并通过图表和数据趋势分析展示用户增长的趋势和潜在空间。

一家社交媒体应用在商业计划书中，展示了用户数量的月增长曲线、活跃用户的占比以及不同用户群体的留存率。这些数据证明了该应用的用户黏性和市场吸引力，为投资者提供了有力的参考（见图9-2）。

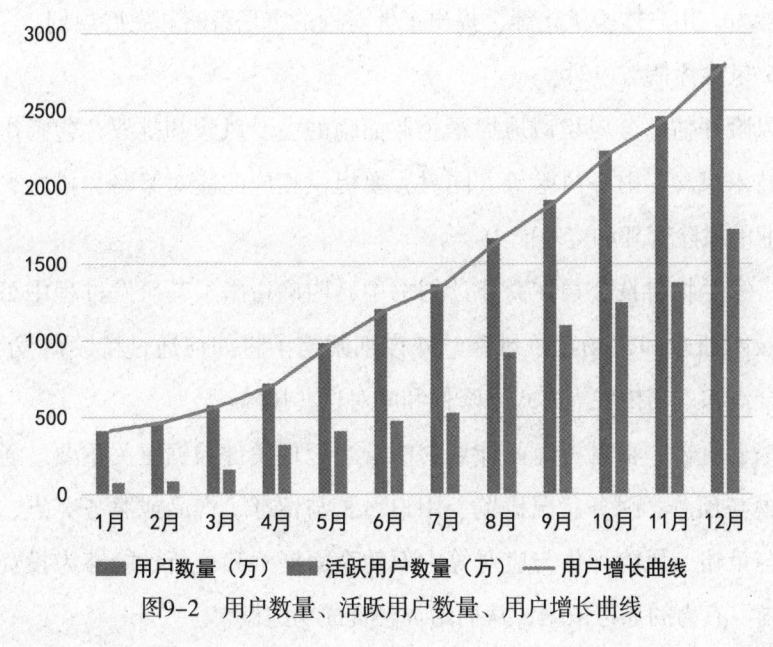

图9-2 用户数量、活跃用户数量、用户增长曲线

4.产品或服务亮点

在介绍产品或服务时，除了文字描述外，还应通过数据来突出产品或服务的优势和特点。例如，可以展示产品的用户满意度调查结果、使用频率、客户反馈等。同时，对于技术创新或独特卖点，也应提供相关数据支持。

一家智能家居公司在商业计划书中，详细展示了其产品的功能特点，并通过实验数据证明了其产品在能效、安全性等方面的优越性。此外，还提供了用户评价和市场调研报告，进一步增强了投资者对产品的信心。

5. 竞争分析与策略

在竞争分析部分，应收集和分析竞争对手的相关数据，如市场份额、产品特点、定价策略等。同时，要展示企业自身在竞争中的优势和策略，以及如何利用这些优势来抓住市场机遇。

某家电商平台在商业计划书中，对主要竞争对手的市场份额、用户规模、商品种类等进行了详细对比和分析。同时，结合自身的优势如供应链整合能力、用户体验优化等，提出了针对性的市场策略和发展规划。

6. 风险评估与应对

风险评估部分应坦诚地揭示企业面临的主要风险和挑战，包括市场风险、技术风险、财务风险等。同时，要提供相应的应对策略和措施，以展示企业的风险管理和应对能力。

一家生物科技公司在商业计划书中，明确指出了其研发过程中可能面临的技术瓶颈和市场竞争风险。并详细阐述了将如何通过持续研发投入、技术合作和市场拓展等方式来降低和应对这些风险。

综上所述，在融资商业计划书中恰当呈现关键数据至关重要。通过市场规模与预测、财务状况概览、用户增长与留存、产品或服务亮点、竞争分析与策略、风险评估与应对等方面的全面展示和分析，能够为投资者提供清晰、有力的参考依据，从而增加融资成功的概率。

团队运营：我们能做好的深层原因

企业发展的早期阶段，尤其是创业初期，创始人及团队是非常关键的评判标准。放眼那些世界级企业，无不是有着超级创业者压阵，以及顶级创业团队的辅助。既然投资者如此关注融资企业的创始团队，那么显然这就不是简单的领导能力问题所能解释的。这个问题的关键在于领导者的综合素质,因为与项目相比,团队是更稳定的因素。

随着项目运行的逐渐深入,尤其是项目运作后期,目标市场、目标用户、商业模式、盈利方式必然都会出现变化,但创始人及其团队通常是不变的,这在很大程度上决定了一个项目和一家企业能走多远。

这就是为什么一些强大的创业团队,在融资项目还处于创意阶段时就能获得资本青睐。因为投资方希望在商业计划书中看到融资企业创始人及团队的相关背景,特别是有机会从激烈竞争中脱颖而出的不凡之处。在这一点上,任何希望获得投资的企业经营者都不要谦虚,自己与团队有什么优势尽管写出来,越能让人眼前一亮的优势对融资越有利。

首先介绍创始人。名校、名企或者操作过知名项目的经历,都会给创始人贴上一个"优秀"的标签。并非所有创始人都具备如此优秀的过往,但还是要把该表现的表现出来,一定要将自己在相关行业的经验和成绩讲出来,还要必须保证这些是真实的。

其次介绍创始团队。要重点介绍团队中的核心成员,将他们的特点、能力、经验、擅长和人脉资源等都凸显出来。

如果融资企业创始团队的背景有优势,也要进行简要说明。例如,创始团队成员都是来自清华大学、北京大学、哈佛大学、牛津大学、麻省理工学院的高才生。名校背景不仅让投资者认可创始团队的综合能力,还等于告诉投资者该创始团队有很强的学习能力。创业者的学习能力越强,就越有机会在变化无常的商业环境中迅速适应和利用新的商业模式,这是投资者非常愿意看到的。当然,并非所有创始团队的成员都来自世界级名校,但也可以通过其他途径证明团队成员具有很高的学习能力。在介绍创始团队成员及分工时,可以找出加分项予以重点介绍。

再次介绍团购架构。包括核心成员、各部门负责人及其职责分工,清晰的组织架构能够让投资者对团队的管理能力和执行力产生信心。也就是谁做什么工作要一目了然，且权责利清晰，建议以列表形式呈现。企业可根据实际情况，或者只列出具体部门的相关人员（见表9-1），或者同时列出董事会成员名单（见表9-2）。

表9-1 部门设置

部门名称	经理	人员数	备注
研发部			
生产部			
媒介部			
导流部			
电商部			
文案部			
财务部			
……			

表9-2 董事会成员

职务	姓名	负责业务	备注
首席执行官（CEO）			
首席技术官（CTO）			
首席运营官（COO）			
首席财务官（CFO）			
市场总监（CMO）			
人事总监（CHO）			
……			

一个具有明确分工且高效运转的团队，需要有良好的协同合作机制。在商业计划书中，可以介绍团队内部的沟通协作方式、决策流程以及如何通过团队协作实现目标。例如，某科技公司强调其运营团队采用敏捷开发模式，通过定期的 Scrum 会议和跨部门协作，确保项目的高效推进和团队的高效运作。这种协同合作机制为公司在竞争激烈的市场中赢得了宝贵的

时间，也赢得了快速融资的机会。

然后，展示团队过往的成功经验，以提升投资者信心。可以列举团队曾经负责过的成功案例，以及在这些案例中取得的业绩和成果。例如，一家电商平台在其融资商业计划书中，详述了其运营团队在过往几年中如何帮助公司从初创企业成长为行业领导者。内容包括历年的销售额增长、用户数量增加、市场份额提升等数据，充分展示了团队的市场操作能力和实战经验。

同时，必须体现团队的创新能力和风险应对策略，可以在商业计划书中强调团队在技术创新、市场策略创新等方面的能力和实践；同时介绍团队如何识别风险、制定应对策略以及实施风险控制措施。例如，一家餐饮连锁企业在融资商业计划书中展示了其运营团队如何通过引入新技术、开发新品类等方式不断创新，以满足市场变化和顾客需求。该运营团队还在商业计划书中详细描述了面对市场变化、食品安全风险等方面的应对策略。包括定期的市场调研、严格的食品安全管理制度以及灵活的市场调整策略等。

此外，还必须涉及人才激励政策，因为一个稳定的团队需要合理的人才激励政策。在商业计划书中，可以介绍公司如何通过薪酬、晋升、培训等方式激励员工，以保持团队的稳定性和积极性。例如，一家在线教育公司在融资商业计划书中提到了其独特的人才激励政策，包括为员工提供丰富的职业发展机会、定期的技能培训以及与市场水平相匹配的薪酬待遇。这些政策有效地提升了员工的满意度和忠诚度，为公司的长远发展提供了坚实的人才保障。

最后，在商业计划书中还要展示团队对企业未来发展的规划和目标，包括市场拓展、产品升级、技术创新等方面的具体计划和时间表。例如，一家新能源汽车公司在融资商业计划书中阐述了其运营团队对未来五年的发展规划。包括进一步扩大市场份额、推出更多创新产品、加强技术研发等具体目标和计划。这些规划展示了团队对未来市场的敏锐洞察力和长远布局。

在计划书的结尾部分，可以对整个运营团队进行简要的总结和展望。强调团队的优势和潜力，展望未来的发展前景和市场机遇。

一个优秀的运营团队不仅需要具备清晰的组织架构、协同合作机制、成功经验等核心素质，还需要有创新能力、风险应对能力、激励政策和明确的未来发展规划。

资金规划：明确资金需求与使用情况

在编写商业计划书时，明确资金需求与使用情况至关重要。这不仅是投资者评估项目可行性和潜在回报的关键依据，也是确保项目顺利推进并实现预期目标的基石。

资金需求分析是融资商业计划书的核心部分之一。在此部分，应详细分析项目所需的各项费用，包括但不限于原材料采购、生产设备投资、市场推广、人力资源成本等。通过对这些费用的精确计算和合理规划，来确定项目所需的总资金额。

资金筹措方案是展示项目资金来源和结构的部分。在此部分，应详细说明项目将如何筹措所需资金，包括自筹资金、银行贷款、风险投资、政府补贴等。同时，需要评估各种资金来源的可行性、稳定性和成本，以确保资金来源的稳定性和可靠性。

资金使用计划是展示项目资金如何分配和使用的部分。在此部分，应详细规划项目资金的使用计划，包括各项费用的具体分配、使用时间和使用方式等。通过详细的项目预算和财务计划，确保资金的有效利用和项目的顺利推进。

第九章　撰写商业计划书，描绘企业发展蓝图

需要进一步说明的是，融资企业必须将本轮融资的具体用途做重点说明，最好将资金的使用情况细化到具体项目和具体时间，资金使用计划的翔实、有力，更能吸引投资者的兴趣。

一家初创游戏公司在融资商业计划书中，详细列出了其研发阶段的资金需求、人员薪酬、设备购置等具体开支计划。并通过市场调研和用户需求分析等数据支持，证明了这些投入对于产品研发和市场推广的重要性。

因为这部分内容要充分体现融资企业的战略规划能力和企业运营能力，因此，商业计划书内要设置"发展规划与里程碑"，以展示企业未来的发展规划和目标设定，内容应包括市场扩张、技术创新、品牌建设等方面的具体计划。同时，要设定明确的里程碑和时间表以展示企业的发展轨迹和预期成果。

仍然是这家初创游戏公司，在融资商业计划书中，明确提出了未来五年的发展规划和目标设定。包括市场份额的提升、新产品的研发和推广、品牌知名度的提升等。并通过具体的数据指标和时间节点来量化这些目标和计划的可行性。

当然，对资金规划的说明并不限于以上阐述的部分，对于资金的运作还有很多方面需要在商业规划书内一并描述清楚。在此，我们列出这些项目，并进行简单说明，以便企业经营者参考（融资运作规划的时间段应当是资金到位后企业未来三年到五年的发展规划）：

（1）资本结构说明。融资企业在筹集资金时，由不同渠道取得的资金之间的有机构成及其比重关系。

（2）投资反馈说明。融资企业要为投资者列出投资贷款、利率、利率支付条件、转股（普通股、优先股、认股权以及对应的价格等）。

（3）负债结构说明。包括原来每笔债务所产生的时间、条件、抵押、利息等信息。重点要说明抵押，即融资企业在经营过程中是否存在抵押，如果存在，抵押品的价值如何，定价依据是什么，如有必要需提供定价

凭证。

（4）投资担保说明。包括两个部分：①融资企业是否存在抵押的情况。②融资企业的担保方财务报告。

（5）投资回报说明。投资方所投入的资本在经营目标达成的情况下，可以获得的回报；如果经营目标未能达成，是否设定了退出机制。

（6）其他信息说明。包括偿还计划、吸纳投资后股份结构、股权成本、投资抵押、投资方介入融资企业管理的程度等。

融资企业还可以引入相关行业的成功案例，进一步增强投资者对项目的信心。在此部分，可以选择与本项目类似或具有参考价值的成功案例进行介绍，分析其成功经验、资金使用情况以及取得的成果。通过成功案例的展示，为投资者提供有益的参考和借鉴。

总而言之，一个拥有完整、合理资金规划的融资商业计划书，将有助于项目获得投资者的支持和认可，并实现项目的顺利推进和发展。

经营收益：保证投融双方的共同利益

投资的目的是获得回报，因此在商业计划书中一定要重点说明投资者可能获得的预期回报。很多融资企业总是忽视该环节，在商业计划书中大谈特谈己方的创业故事和资金需求，却忘记了满足投资方的利益诉求，这样只顾自己的融资一定不会实现。

作为融资企业一定要时刻谨记：只有项目预期回报高，投资方才有可能考虑投资。在商业计划书中需要将投资方关注的经营收益全面呈现出来。

经营收益是商业计划书的核心要素之一，直接关系到企业的盈利能力和长期发展。在制定经营策略时，融资企业应充分考虑核心回报、市场需求、竞争格局、收入来源、成本控制、风险评估、回报预测、收益分配等多方面因素，以确保实现投融双方共同的利益最大化。

核心回报的最关键指标是估值。当项目估值发生巨大增长后，投资者所投入的资本也就增长了，投资者可以实现上市套现。即便融资企业没有上市，投资者还是可以在后续融资中实现退出，完成收益锁定。

某公司2021年收入首次突破5亿元，比2020年增长了120%，收入的大幅提高推动了公司估值上涨。2021年年底，公司的估值达到20亿元。2022年，公司收入继续走高，估值也得以翻倍。参与该公司初创和成长期的各轮投资方都获得了丰厚的回报，有的选择继续持有，有的选择套现退出。

市场需求是融资企业需要预测能有多少用户可能使用融资项目的产品，百万级？千万级？亿级？市场需求预测不仅表现在用户数量上，还有转化率、客单价、复购率等指标。例如，一个用户量少但客单价高的产品，同样有巨大的潜力。

与市场需求预测数据一样，市场未来容量分析同样会影响到投资者的投资信心和决策。虽然市场风向瞬息万变，但变化中总有规律可循，十年以后的情况难以预料，未来两三年的情况还是可以预测的，投资者喜欢未来市场空间足够大的项目。

商业计划书中的市场需求预测与容量分析，不能是简单且毫无根据的"我们认为"或者罗列现成数据，一定要有权威数据做支撑，有充分的理由为依据。此外，还要呈现出区域市场预测和全域市场预测，并把长期市场预测和短期市场预测相结合。鉴于有的融资企业的产品还未上市，有的融资企业的产品已经上市，在采用预测方法时应有不同的侧重。

竞争格局是融资企业必须说明主要竞争对手在市场上占据的份额，以及他们采取的竞争策略。并同时阐明己方具有的竞争优势，以及由这份优势获得的利润保障与提升。例如，"主要竞争对手包括甲公司、乙公司和丙公司，它们在市场上的份额分别是……""竞争对手甲公司主要采取低价策略，乙公司主要采取产品差异化策略，丙公司则是两者兼顾。""我们拥有先进的技术和优秀的团队，但品牌知名度相对较低。"

收入来源代表融资企业的盈利空间。主要收入来源包括产品销售、服务收费以及品牌合作等。通过精准的市场定位和优质的产品服务，可以吸引大量稳定用户群体，保证收入的持续增长。

成本控制是融资企业经营管理的重要环节。应说明是如何通过优化采购渠道、提高生产效率、合理控制人员成本等方式，有效降低了运营成本，提高了利润空间。

风险评估是保障项目顺利推进和投资者利益的重要环节。融资企业应分析项目可能面临的风险因素，包括市场风险、技术风险、管理风险等，并提出相应的风险控制措施和应对策略。

回报预测是投资者关注的重要方面之一。融资企业应对项目的投资回报进行合理预测，包括项目的盈利状况、投资回收期、内部收益率等指标。通过科学的回报预测，让投资者了解项目的盈利潜力和投资回报情况。

收益分配是将融资企业实现的净利润按照一定的形式和顺序在企业和投资者之间进行分配。因为直接关系到投资者的利益，因此投资方会非常关注。融资企业在撰写商业计划书时，需要将该部分详细呈现，其具体涉及内容大致如下。

（1）每年可供分配的收益项目和金额。融资企业可供分配的收益由三部分组成：①本年实现的净利润：可供分配收益中的重要来源，和经营损益表中披露的年度净利润应保持一致。②年初未分配利润：截至上年末累计的未分配利润，构成可供分配利润的重要组成部分。③其他转入：主要指盈余公积转入，当企业本年度没有利润、年初未分配利润又不足时，为了让股东对企业保持信心，企业可在遵守法律法规的前提下，将盈余公积转入参与利润分配。

（2）每年收益分配的方向和具体方案。有限责任公司和股份有限公司当年收益应按照如下顺序分配，且不能颠倒：①弥补以前年度亏损。②提取法定公益金。③支付优先股股利。④提取任意盈余公积金。⑤支付普通股股利。⑥转为资本（股本）的普通股股利。

（3）每年末企业的未分配利润。企业本年实现的净利润进行了上述分配后，剩余部分即为本年的未分配利润。本年未分配利润和上期未分配利润的合计数，即为本期末未分配利润累计数。

综上所述，企业经营者须深知融资过程中保障投融双方利益一致性的重要意义，因此应在商业计划书中特别强调共同利益的保障。融资企业应以市场需求为导向，不断优化产品和服务，加强成本控制和风险管理，并进行合理的利益分配，以实现投融双方共同的利益最大化。我们期待，融资企业与投资者携手共进，共创美好未来。

资本退出：让投资者安心退出

资本退出是指投资者在投资企业后，通过一定的途径和方式，实现投资回报并最终从企业中退出的过程。对于投资者而言，资本退出是其投资活动中至关重要的一环，关系到投资者能否实现投资回报并确保资金的安全。因此，一个合理、可靠的资本退出策略不仅能够增强投资者信心，还能够为企业的长期发展奠定坚实的基础。在撰写融资商业计划书时，必须充分考虑和规划资本退出路径，以增强投资者的信心，促进融资活动的顺利进行。

以下是关于一家国内企业的资本退出策略案例，该企业通过多种方式为投资者提供安心退出的渠道，从而吸引了大量投资。

一是上市退出。该企业计划在适当时机上市，通过资本市场融资，为投资者提供公开交易的平台。企业上市后，投资者可通过二级市场卖出股票，实现投资回报。此外，企业还将积极履行信息披露义务，确保投资者在交易过程中能够充分了解企业经营状况，降低投资风险。

二是并购退出。该企业将与具有产业协同效应或互补性的企业进行并购，实现企业价值的提升。在并购过程中，投资者可选择将股权转让给并购方，实现退出。此外，企业还将积极寻找行业内的优质企业进行合作，通过合并、收购等方式，为投资者提供更多的退出途径。

三是回购退出。在该企业业绩持续增长的基础上，企业将适时启动股权回购计划。通过回购投资者持有的股权，降低投资者的持股比例，从而为投资者提供退出机会。此外，企业还将合理安排回购资金，以确保回购行为的可持续性。

四是进行私募股权转让。该企业将积极与私募股权投资机构合作，为投资者提供股权转让的机会。在转让过程中，投资者可将持有的股权出售给私募股权投资机构，实现退出。同时，企业还将努力提高自身价值，吸引更多私募股权投资机构的关注。

五是管理层收购。在该企业业绩稳定增长的基础上，企业将鼓励并支持管理层收购部分股权。通过管理层收购，投资者可将股权转让给企业内部管理层，实现退出。此外，企业还将加强对管理层的激励，提高其对企业的控制力和经营效率。

为了确保所制定的资本退出策略能实时有效地执行，并确保执行质量，还必须加强企业其他经营者管理方面的工作，形成统一协调的管理模式。具体方法包括以下四点。

（1）建立健全公司治理结构：企业应完善董事会、监事会等治理机构，确保决策的科学性和透明度。

（2）加强财务管理和审计：企业应建立完善的财务管理体系，确保财务数据的真实性和准确性，并接受第三方审计机构的审计。

（3）提高企业竞争力：企业应加强技术研发和市场拓展，提高核心竞争力，为资本退出创造有利条件。

（4）与监管机构保持良好沟通：企业应加强与监管机构的沟通与合作，确保 IPO 等资本退出活动的合规性。

综上所述，一个合理的资本退出策略对于保障投资者利益和促进企业长期发展具有重要意义。在制定融资商业计划书时，企业应充分考虑各种资本退出方式的特点和适用条件，并结合自身实际情况选择最适合的退出路径。同时，企业还应加强公司治理、财务管理和市场竞争力等方面的建设，为资本退出创造有利条件。

第十章
谈判与合同签订，正式撬动资本杠杆

融资谈判与签订合同是企业与投资者正式建立合作关系、撬动资本杠杆的关键环节。在此过程中，企业需充分展示其商业模式的可行性与盈利潜力，与投资者就估值、股权结构、控制权分配等核心问题展开深入沟通。本章将探讨如何在谈判中巧妙运用策略，从而为企业赢得最有利的融资条件。

与投资者接触四大忌

在寻求融资的过程中,与投资者的接触是至关重要的一环。然而,许多企业经营者在与投资者沟通时常常会犯一些错误,这些错误不仅会导致融资失败,还将损害企业的声誉和长期发展。以下是与投资者接触的四大禁忌,结合实际案例进行具体阐述,并提供相应的建议。

1. 忌缺乏充分准备

某初创企业在一次投资者会议上,由于对市场分析、财务数据及未来发展规划等方面的准备不足,导致其创始人在与投资者交流时出现多处失误和模糊之处。投资者对该企业的专业性和可信度产生了质疑,最终未能达成投资意向。

建议:在与投资者接触前,企业经营者应充分了解市场需求、竞争态势及自身优势,准备好翔实的商业计划书和财务数据。同时,对企业的发展战略、市场定位和未来规划要有清晰的认识,以便能够自信、专业地与投资者沟通。

2. 忌过于夸大其词

某科技公司在向投资者介绍其产品时,过分夸大了技术领先性和市场前景,甚至给出了一些不切实际的预期。投资者在深入了解后发现实际情况与宣传存在较大差距,认为该企业缺乏诚信,最终拒绝了投资。

建议:企业经营者在与投资者沟通时,做到诚实和透明,避免过度包装和夸大其词。虽然适当的包装和宣传是必要的,但过分夸大只会损害企业的信誉。企业应注重展示自身的核心竞争力和成长潜力,以吸引投资者的关注。

3. 忌缺乏自信和专业性

某文创企业在与投资者洽谈时,由于创始人缺乏自信和专业素养,无法清晰地阐述企业的商业模式和盈利路径,导致投资者对企业的未来发展产生疑虑。此外,创始人在回答投资者提问时表现出犹豫和紧张,也会进一步影响投资者的判断。

建议:企业经营者在与投资者接触时,应确保团队成员具备良好的专业素养和自信心。创始人及核心团队成员应提前进行充分的准备和演练,熟悉商业计划书的内容和要点,以便在与投资者沟通时表现得更加从容和专业。此外,企业还可以考虑邀请专业的融资顾问或财务顾问协助与投资者的沟通,以提高沟通效率和成功率。

4. 忌忽视后续跟进

某餐饮企业经营者在一次投资洽谈会后,未能及时与投资者保持联系和沟通,导致投资者对企业的兴趣逐渐减弱。尽管初次接触时投资者表现出了一定的合作意向,但由于缺乏后续的跟进和维护,最终未能达成合作。

建议:企业经营者在与投资者初步接触后,应及时收集反馈意见并进行整改。同时,应主动与投资者保持联系,定期提供企业的最新动态和发展成果。对于投资者的疑问和关注点,企业应给予积极的回应和解答。通过持续的沟通和跟进,增强投资者对企业的信心和兴趣,为后续的融资合作奠定良好的基础。

综上所述,与投资者接触是企业融资过程中的关键一环。为避免上述禁忌带来的负面影响,企业应充分准备、保持诚信、展现自信和专业性,并重视后续的跟进和维护。只有这样,才能在与投资者的沟通中建立良好的信任与合作关系,为企业的融资成功和长期发展创造有利条件。

谈判需要注意的六个问题

在投资谈判中,企业经营者不仅要具备扎实的专业知识和市场洞察力,还须掌握一定的谈判技巧和策略。以下是企业经营者在投资谈判中需要特别注意的六个问题,并结合实际案例进行具体阐述,同时给出相应的建议。

1. 明确谈判目标与底线

某生物科技公司在与一家风投公司谈判时,由于事先未明确融资目标和可接受的最低估值,导致在谈判过程中被投资者步步紧逼,最终接受了低于预期的融资额度和估值。

建议:在进行投资谈判之前,企业经营者应做好市场调研和内部分析,对企业的实际需求和市场前景进行深入的分析和策划,包括对资金需求量的精确估算、对未来发展的明确规划以及对企业估值的合理设定。制定合理的融资额度、估值、股份比例等关键目标,并明确底线。同时,要注重与投资方的沟通,确保双方对企业的价值和发展前景达成共识。

2. 深入了解投资方,寻找共同点

一家智能家居企业在与一家知名投资机构谈判时,通过深入了解,发现该机构从两年前开始就对智能家居行业表现出了浓厚兴趣,并在该领域投资了多家企业。基于这一共同点,双方在谈判中很快达成了合作意向。

建议:在投资谈判之前,企业经营者须对投资者进行详细的调查和研究,了解其行业背景、投资理念、投资偏好、投资策略和其对行业的看法,从而找到双方的共同点,为谈判打下良好的基础。同时,要在谈判中善于发掘双方的共同点,进一步构建互信关系。

3. 合理展现企业实力与优势

一家新能源科技企业在与投资方谈判时，通过详细介绍企业的研发成果、市场前景以及行业内的领先地位，成功吸引了投资方的关注，并最终获得了投资。

建议：在投资谈判中，企业经营者应注重展现企业的核心竞争力和独特优势，包括技术创新能力、市场前景、团队实力等。让投资者看到企业的潜力和价值。同时，要注重数据的支撑和市场的验证，让投资者更加信服。

4. 保持灵活与策略性

一家环保设备制造商在与投资者谈判时，坚持原有的产品定位和市场策略，不愿做出任何调整。然而，投资者对市场的看法与企业存在分歧，最终双方未能达成共识。

建议：在投资谈判中，企业经营者应根据实际情况灵活调整谈判策略，注重与投资者的沟通和协商，根据谈判进程和对方的反应及时调整策略。同时，要在谈判中留有余地，不要过于追求某一方面的利益，而忽视其他方面合作的可能性。

5. 风险防控意识不可忽视

一家新创高科技企业在与投资者签订协议后，由于未能充分审查合同条款，导致在后续的合作中出现了知识产权纠纷和商业机密泄露的问题，给企业带来了巨大的损失。

建议：在投资谈判过程中，企业经营者不仅需要考虑如何争取更多的资金和资源，还需要高度重视风险防控，包括合同条款的审查、知识产权保护、商业机密保密等方面，确保自身的权益得到充分保障。同时，要加强知识产权保护和商业机密保密工作，避免因疏忽而引发纠纷和风险。

6. 重视谈判礼仪与细节

一家食品企业在与投资方谈判时，由于忽视了谈判礼仪和细节表现，如迟到、缺乏礼貌用语等，给投资者留下了不良印象，导致谈判效果不佳。

建议：投资谈判不仅是一场商业谈判，也是一次文化和礼仪的交流。企业经营者在谈判中应注重礼仪和细节的表现，展示企业的专业素养和文化素养。在投资谈判之前，融资企业应对谈判礼仪和细节进行培训与演练，确保参与者在谈判中能够展现出良好的职业素养和企业形象。

综上所述，融资企业在投资谈判中需要注意明确谈判目标与底线、深入了解投资方、合理展现企业实力与优势、保持谈判的灵活与策略性、重视风险防控以及注重谈判礼仪与细节六个方面的问题。通过合理的策略和有效的沟通，可以为企业争取到更多的融资机会和更好的合作条件。

应对投资者可能提出的特殊权利

在融资谈判的过程中，投融资双方都会想尽办法为己方争取更多权益。尤其是投资者，作为更具有主动权的一方，可能会向融资企业提出一些特殊权利的要求，对于此，融资企业应如何应对呢？

1. 独家谈判期

有的融资企业会同时吸引多家投资者的关注，由此可能会得到多家投资者发来的 TS（投资条款清单），在拥有选择机会的情况下，融资企业一定会待价而沽，通过对比做出最佳选择。

为了防止融资企业在多家投资者之间来回抬价，出价最高或者综合实力最强的投资者往往会与融资企业约定独家谈判期，即在某个时间段内，融资企业只能与此一投资者谈判。融资企业可以不接受这样的约定，但如果某一投资者提出很多有吸引力的价格及条件时，可以考虑与其约定独家谈判期。

如果融资企业与某一投资者约定了独家谈判期，那么就必须掌握一些

第十章 谈判与合同签订，正式撬动资本杠杆

要点，避免遭受不必要的损失和限制（见图10-1）。

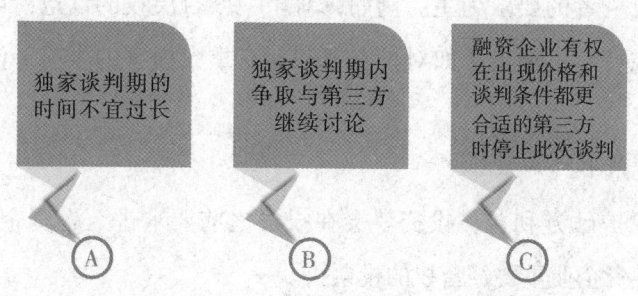

```
    A                B                C
独家谈判期的    独家谈判期内    融资企业有权
时间不宜过长    争取与第三方    在出现价格和
                继续讨论      谈判条件都更
                              合适的第三方
                              时停止此次谈判
```

图10-1 融资企业与投资者约定独家谈判期的要点

2. 对赌条款

对赌条款在融资过程中很常见，大部分经历过多轮融资的经营者都很了解这个条款，要在融资过程中做到一点不对赌，基本上不可能。毕竟投资者需要设定一定的门槛限制，以最大限度保障自身利益。而且，如果对赌协议顺利实现，不仅投资者会受益，融资企业也将有更大的收益。

对赌的条件有很多，如对赌业绩（以年限为条件）、对赌估值（或者以年限为条件，或者以数额为条件）、对赌上市（一般以年限为条件）等。

对赌的结果有两种形式，一是赌股份，二是赌资金。前者是在投资金额不变的情况下，股份有所增加；后者是在投资者的股份不变的情况下，要求融资企业连本带利退回一部分资金。

依据相关法律法规，股东与企业的对赌无效，股东之间的对赌有效。如果无法完成对赌目标，则由股东承担偿还责任。

3. 保护性条款

基本上所有投资者都会要求设置保护性条款来保障自身权益不受侵害。保护性条款一般会列出一系列涉及企业运营的重大事项，当这些事项发生时，企业经营者必须征求投资者的意见。

因此，投资方一般会派驻代表（具体人数由投融双方谈判确定）进入融资企业的管理层（董事会），且代表拥有投票权。

融资企业可以接受投资者提出的保护性条款，但具体内容需要协商，不能只以投资者的要求为主。例如，对于一票否决权的设定，可以限定投资者只能在特定事项上（如对投资者利益有重大损害的事项）使用一票否决权。

4. 派驻董事

为了保护己方利益，投资者会在投资之前要求进入融资企业董事会，以获得对融资企业重要经营权的投票权。

根据《中华人民共和国公司法》的规定，有限责任公司的董事会成员为3～13人，股份有限公司的董事会成员为5～19人。董事会成员通常为单数，来防止陷入投票僵局。

由于后续融资会陆续带来新投资方，使得融资企业董事会成员人数会逐渐增加，因此建议在首轮融资后的董事会人数设定3～5人，且创始人应当拥有最多份额的股权。例如，创始人持有融资企业约60%的股份，且投资者只有1个时，董事会的构成应是2个普通股股东＋1个投资方=3名董事会成员。

5. 优先购股权

融资条款中关于优先购股权，也称为"优先受让权"的规定有以下两种。

（1）企业经营者为防止股份被稀释，规定投资者按持股比例参与优先认购。表述通常为："如公司未来进行增资（向员工发行的期权和股份除外），投资人有权按其届时的持股比例购买该等股份。"

（2）融资完成后，投资者可享有优先购买全部或部分股份的权利，投资者放弃购买的，企业经营者才能向第三方融资。表述通常为："公司上市之前，股份持有者尚未向其他股份或优先股的已有股东发出要约，则不得处分或向第三方转让其股份。根据优先购股/承股权，其他股东有优先购买待售股权的权利。"

6.股份回购权

当出现下列情况时，投资者通常会要求融资企业的主要股东和现有股东部分或全部回购投资方所持有的股份。

（1）融资企业出现主要股东将其股份全部转让或部分转让，而使其自身失去控股股东地位的或者辞去董事长、总经理等职务的。

（2）融资企业在规定的时间内实现净利润低于承诺利润的70%的或者企业不能完成其三年整体净利润业绩承诺的。

（3）从投资者出资到融资企业首次公开发行股票期间，企业出现违反工商、税务、环保、土地等相关法律法规且受到追究的，致使企业首次公开发行股票出现重大法律瑕疵而无法申报或申报时间延迟的。

（4）在投资者的资金到位后的规定时间内，投资者不能通过企业上市或并购退出的。

（5）从投资者出资到融资企业首次公开发行股票期间，企业出现主营业务重大变更的。

以上是融资企业面临投资者提出的特殊权利，但这六项并非是投资者可能提出的全部特殊权利。因为实际操作中会面临很多不同的情况，融资企业与投资者各自的情况也都不相同，因此特殊权利的情况也会有很多差异，具体操作应以实际情况为准，本节所列情况仅供企业经营者参考。

建立优势与达成一致

在融资过程中，融资企业经营者需要做一些事情来增加己方在谈判中的优势。获得优势的最有效途径是从多家投资方那里获得竞争性的条款清单。然而，同时与多家投资机构打交道需要一种微妙的平衡，要考虑时机和信息透明的问题，一旦出了差错，最后可能竹篮子打水一场空。

其实，这种从多家投资者处获得竞争性条款的做法，如同为企业融资铺设好B计划，甚至是C计划、D计划。融资是意向经营活动，不能只依靠一套计划就达成目标，那种投融资双方一拍即合的情况是可遇而不可求的。正常情况是，融资方需要进行多轮谈判，才可能找到合适的投资者；而投资者也要经过多轮谈判，才能遇到心仪的投资对象。

融资企业需要对所有潜在投资者保持适当的信息透明，毕竟投融资是商业行为，也谈不上什么保密可言。除非融资企业与投资者达成了独家谈判期，否则融资企业有权利同时与多家投资者展开谈判。让投资者明确知道还有其他投资者也对这个融资项目感兴趣，能够帮助融资企业加快谈判的进程和争取更好的谈判效果。

但同时与多家投资者展开谈判，并不能说明融资企业一定就掌握了融资进程的主动权。现实中这种同时与多家投资者谈判，但最终一笔投资款项都未能拿下的情况是很常见的。很显然，这样的融资企业并不明白具体该如何在与多家投资者谈判时建立优势，进而达成一致。通过以下五个方面来解读这个问题。

（1）时机问题。如果企业经营者希望每个投资者在大致相当的时间内出具一份条款清单，这对于投资者而言是非常有挑战性的事情，因为投资者的进度往往不容易把控。但若是能够做到在适当的时候减缓一方的进度，那么又可以利用手上现有的投资条款加快另一方的进度，就等于在融资过程中占据了主导地位。

（2）信息透明。对所有潜在投资者保持适当的信息透明是必要的，但也要保留一些关键信息，如正在进行谈判的其他投资者的名字（含机构名字），或者已经拿到手的投资条款清单，前者可以避免两家/多家投资者背后沟通甚至结盟，后者可以防止其他投资者了解具体投资进程。

（3）争取主动。如果只有一家投资者具有投资意向，融资企业也不要因为怕失去"独苗"而完全交出谈判主动权。融资企业可以通过锁定某些特定条款帮助自己建立优势,即针对一些条款,明确陈述自己的要求,坚持自己的立场。只要坚持的立场合情合理,同时又能适当保留谈判的灵活性,并愿意在一些次要问题上做出适当让步,投融资双方的谈判进程就不会受到太大影响。

(4)耐心等待。融资企业在谈判的任何阶段都不要主动给投资者出具条款清单,尤其是含有价格的条款清单,因为自己标明的价格可能就是能得到的估值上限了。条款清单一定要由投资者出具,融资企业只需根据条款清单上出现的问题的先后顺序,制定谈判计划和策略即可。有经验的谈判者会试图一项一项地达成共识,以避免投资者从整体上把握谈判进程。

(5)先易后难。如果遇到暂时无法谈拢的条款问题,建议先放一放,从那些能够迅速达成共识的重要事项开始,投资者会因为谈判有进展而感到欣慰。越是艰难条款的谈判越要放在最后,当所有事项都达成一致,只剩下一两项还未确定时,投资者会倾向于做出一些让步,以尽快促成投资的实现。

综上所述,融资企业在投资谈判中建立优势并达成一致,需要多方面的努力。通过掌握有利时机、把握信息透明度、拥有谈判主动权、耐心等待投资者出价和先易后难的方式,融资企业可以在谈判中占据主动地位并取得成功。当然,也要注重与投资者的关系维护和合作落实,确保双方的合作能够长期稳定发展。

企业融资的重要防线:Term Sheet

投资意向书(Term Sheet),是企业融资过程中的关键文件。它是一份非正式的协议,通常由投资者在初步评估了创业企业的商业计划和前景后,向企业发出的书面文件。这份文件详细列明了投资者对企业投资的主要条件和初步意向，为后续的正式投资协议奠定基础。

Term Sheet 的重要性主要体现在以下三个方面。

（1）沟通与谈判工具。Term Sheet 是投资者和企业经营者之间沟通和谈判的桥梁。通过这份文件，经营者可以了解投资者的期望和要求，投资者也可以对融资企业的价值和前景进行初步评估。

（2）确定投资框架。Term Sheet 确立了投资的基本框架，包括投资额、估值、股份比例、投资者权利等重要条款。这些条款为后续签署投资协议提供了指导。

（3）约束双方行为。尽管 Term Sheet 是一份非正式协议，但仍具有一定的法律约束力。一旦双方签署 Term Sheet，那么就必须按照其中的条款进行后续的谈判和合作。

Term Sheet 通常包含以下六个主要条款。

（1）投资金额与估值类条款。明确投资者将向企业投资的具体金额，以及企业在融资后的估值。

（2）股份比例类条款。根据投资金额和企业估值，确定投资者将获得的融资企业的股权比例。

（3）投资条件类条款。列明投资者对融资企业的具体要求，如企业需在特定时间内达到一定的业绩指标，不得擅自改变主营业务等。

（4）投资者权利类条款。这包括投资者在融资企业中的管理权、监督权、信息权等，如董事会席位、查阅企业财务报表等。

（5）退出机制类条款。明确投资者在未来退出企业的方式和条件，如上市、股份回购、股权转让等。

（6）其他条款。这一部分内容通常会根据企业所处的行业和投资者的投资决策具体规定，可能包括保密协议、违约责任、争议解决方式等。

在签署 Term Sheet 之前，企业经营者需要进行充分的谈判准备，以确保自己的利益得到最大化保障。以下是一些建议的谈判策略。

（1）充分准备。在谈判前，经营者应对自己企业的价值和前景有充分的了解，以便在谈判中更有底气。同时，还要对投资市场和同类企业的融资情况进行研究，以制定合理的预期。

（2）灵活应对。在谈判过程中，经营者应保持灵活的态度，既要坚守自己的底线，也要考虑对方的利益和需求。在某些条款上可以适当让步，以换取在其他条款上的优势。

（3）寻求专业意见。在谈判过程中，经营者可以寻求律师、财务顾问等专业人士的意见，以确保自己的权益得到充分保障。

（4）保持沟通。谈判是一个双方互相了解和妥协的过程，经营者应与投资者保持良好的沟通，及时解决双方的疑虑和分歧。

虽然 Term Sheet 为企业融资提供了重要的指导和约束作用，但也存在一定的风险。以下是一些常见的风险及防范措施。

（1）估值风险。由于 Term Sheet 中的估值是基于初步评估而定的，因此可能存在与实际价值不符的情况。经营者应充分了解市场情况和同类企业的融资情况，制定合理的估值预期。

（2）条款风险。Term Sheet 中的条款可能存在对经营者不利的情况。在谈判过程中，经营者应认真审查每个条款，确保自己的权益得到充分保障。

（3）法律风险。由于 Term Sheet 具有一定的法律约束力，因此双方在签署前应确保文件内容合法、合规。如有需要，可以请专业律师进行审查。

（4）执行风险。即使签署了 Term Sheet，仍有可能出现投资者未按照约定条件进行投资的情况，为此经营者应在 Term Sheet 中明确违约责任和纠纷解决方式，以降低执行风险。

总之，Term Sheet 作为企业融资的重要防线，对于保护经营者权益，促进双方合作具有重要意义。在签署 Term Sheet 前，经营者应充分了解其内容和风险，制定合理的谈判策略，确保自己的利益得到最大化保障。同时，也要注意防范潜在的风险，确保融资过程的顺利进行。

五类投资协议核心条款详解

投资协议是投资者与目标企业之间就投资事宜达成的正式协议，其核心目的是明确双方的权利与义务，保障投资安全并实现投资回报。投资协议通常涉及投资金额、股权结构、企业治理、投资者权利保护以及退出机制等关键条款。在投资过程中，投资者需要对这些条款进行仔细研究和谈判，以确保自己的利益得到充分保障。

当谈判逐渐达成一致，就会进入签订投资协议的阶段。投资协议中有很多与企业未来发展有关的经济型条款和控制性条款。越是不具有融资经营的经营者，越需要详细了解这些条款，以防止在辛辛苦苦将投资谈判谈成后，投资者在条款上动手脚，让企业蒙受不必要的损失。

1. 交易结构类条款

投资协议中的交易结构类条款是规定投资交易中各方权利与义务、交易流程以及风险分配的核心部分。它详细描述了投资交易的架构、步骤、时间安排和关键条件，确保融资企业和投资者能够明确各自的职责和预期，从而顺利完成投资过程。交易结构条款的设计需要综合考虑市场环境、法律法规、税务筹划以及投资者的投资目标和风险偏好等因素。

（1）投资方式条款：规定投资者以何种方式向融资企业进行投资，如现金投资、股权转让、增资扩股等。

（2）交易对价条款：明确投资者投资的对价，包括投资金额、支付方式（一次性支付或分期支付）、支付时间等。

（3）股权结构调整条款：描述投资后融资企业的股权结构变化，包括投资者持股比例、其他股东的股权变动等。

（4）企业治理安排条款：规定投资后融资企业治理结构的变化，如董事会、监事会的改组、管理层的调整等。

（5）风险控制条款：包括投资者对融资企业的监督权、信息披露要求、反稀释保护等，以降低投资风险。

（6）退出机制条款：规定投资者在未来退出投资的方式和条件，如上市退出、股权转让、回购等。

2. 先决条件条款

在签署投资协议时，融资企业及原始股东可能还存在一些未落实事项或者可能发生变化的因素。为保护投资者利益，也为了让投资顺利实现，投融资双方会在投资协议中约定未落实实现或对可能发生变化的因素的控制，因此构成了实施投资的先决条件。

（1）约定未落实事项类条款，主要包含三个条款：①分段投资条款：只提供融资企业下一阶段所需的资金，只有当融资企业完成预期经营目标或者获得丰厚盈利后，才能继续投资。②反摊薄条款：规定不能因为融资企业以较低价格发行新股而导致投资者的股份被摊薄。③优先跟股权条款：如果融资企业发生清算事件，但投资者尚有未收回的投资款，则融资企业创始人自清算事件发生起5日内从事新项目的，投资者有权优先于其他人对该新项目进行投资。

（2）控制可能发生变化的因素类条款，主要包含两个条款：①肯定性条款：融资企业在被投资期限内应该遵守十项基本约定（见图10-2）。②否定性条款：融资企业不得在被投资期内从事的行为，如禁止变更控制权、禁止管理层向第三方转让股份、禁止改变主营业务等。

3. 承诺与保证条款

投资者对于在尽职调查中难以取得客观证据这一事实，或者在投资协议签署之前至投资完成之日（过渡期）可能发生的方案投资交易或有损投资者利益的情形，有权在投资协议中约定融资企业及其原始股东做出相关承诺与保证。

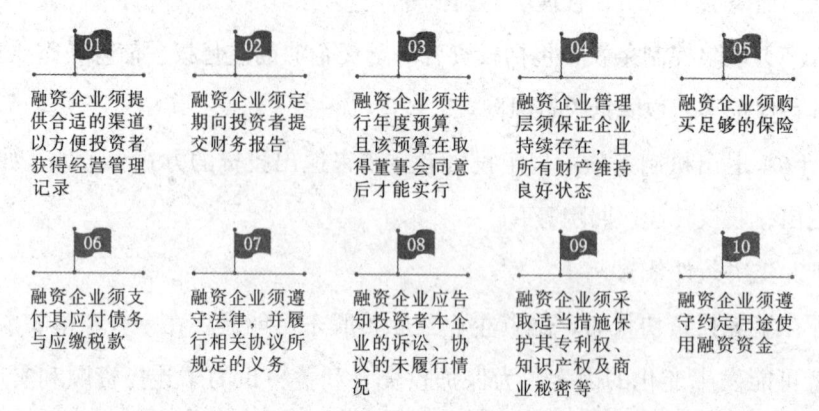

01 融资企业须提供合适的渠道,以方便投资者获得经营管理记录	02 融资企业须定期向投资者提交财务报告	03 融资企业须进行年度预算,且该预算在取得董事会同意后才能实行	04 融资企业管理层须保证企业持续存在,且所有财产维持良好状态	05 融资企业须购买足够的保险
06 融资企业须支付其应付债务与应缴税款	07 融资企业须遵守法律,并履行相关协议所规定的义务	08 融资企业应告知投资者本企业的诉讼、协议的未履行情况	09 融资企业须采取适当措施保护其专利权、知识产权及商业秘密等	10 融资企业须遵守约定用途使用融资资金

图10-2 融资企业在被投资期限内应遵守的十项约定

（1）融资企业及原始股东、业务合规性承诺类条款。

（2）融资企业不能违反任何法律法规、行业准则，以及企业章程的承诺。

（3）融资企业不能在过渡期内转让其所持有的融资企业股权的承诺。

（4）融资企业不得在过渡期内进行利润分配或利用资本公积金转增股本的承诺。

（5）融资企业任何资产均不得在过渡期内设立抵押、质押、司法冻结或其他权利负担的承诺。

（6）融资企业在过渡期内不得以任何方式直接或间接处置其主要资产或发生正常经营意外重大债务的承诺。

（7）融资企业在过渡期内的经营或财务状况不能发生重大不利变化的承诺。

4. 投资者保护条款

投资协议是对投融资双方权益的共同保护，但投资者是付出实际利益的，也是在投融资交易中占据主动权的一方，因此会有专门的条款尽可能保护投资者的利益。

（1）信息披露条款：投资协议中应明确规定融资企业应向投资者披露的信息种类、披露时限以及披露方式等，以确保投资者能够充分了解企业的运营状况和风险情况。

（2）优先权条款：投资者可以要求在投资协议中设置优先认购权、优先购买权、优先分红权等优先权条款，以确保在特定情况下自身利益得到优先保障。

（3）反稀释条款：当融资企业进行后续融资时，如果新股东的入股价格低于现有股东的持股成本，那么现有股东的股权价值将被稀释。为了避免这种情况发生，投资者可以在投资协议中设置反稀释条款，要求融资企业或现有股东采取一定措施来保护其股权价值。

（4）回购条款：规定了在特定情况下（如融资企业未能在约定时间内实现上市或者未能达到约定的业绩目标等），融资企业或控股股东有义务按照约定价格回购投资者所持有的股权。

5. 其他关键条款

在投资协议中，除了前面提到的三大类条款外，还有一些其他关键条款，同样会对投资经营造成重大影响。

（1）现金补偿或股权补偿条款：在约定期限内，若融资企业的实际经营指标低于承诺的经营指标，则控股股东或其他股东对投资者进行现金补偿，或者以等额的融资企业股权向投资者进行补偿。

（2）回购请求权条款：在约定期限内，若融资企业的业绩低于承诺的业绩，或者不能实现上市、挂牌、被并购的目标，投资者有权要求控股股东或其他股东购买其所持有的融资企业的股权，以实现退出。

（3）共同出售条款（随售权）：融资企业上市前，若原始股东向第三方转让股份，则投资者可以依据原始股东与第三方达成的价格参与其中，并按原始股东与投资者在融资企业中当前的股权比例向第三方转让股份。

（4）强制出售条款（拖售权）：在约定期限内，若融资企业达不到约定的要求或者不能实现上市、挂牌、被并购的目标，投资者有权强制融资企业控股股东和其他股东按照投资者与第三方达成的转让价格、条件与投资者共同向第三方转让股权。

（5）清算与破产条款：在极端情况下，如果融资企业出现严重经营困难或资不抵债等情况，投资者可能需要考虑通过清算或破产程序退出投资。

综上所述，投资者在签署投资协议前，企业经营者应充分了解这些条款的内容和意义，并与投资者进行充分的谈判和协商，以确保自身的利益得到充分保障并实现融资目标。同时，投资者还会在协议执行过程中密切关注融资企业的运营状况和市场变化，以方便及时采取必要措施维护自身的权益和利益。

第十一章
规避融资风险,促进企业可持续发展

本章将探讨如何有效规避融资风险,通过风险识别与评估,优化融资策略,加强风险管理与控制,确保企业在稳健运营的同时,积极贯彻可持续发展理念。最终目的是通过明确的企业长远规划,引领企业走向更加繁荣和可持续的未来。

融资中常见的八种风险

在融资过程中，企业可能会面临多种风险，这些风险不仅可能影响企业的财务状况，还可能对企业的长期发展和声誉造成损害。以下是融资中常见的八种风险，并针对每种风险提出了具体建议。

1. 信用风险

信用风险是融资企业常会遭遇的风险。一些投资者在按照正常程序进行议价、考察后，在签署投资协议时，会以"非常重视项目"和"非常看好项目"为由，要求与企业签署独家投资协议。但在独家投资协议签署后，投资者会以"资金不足"等理由拖延资金入账时间，导致企业无法展开项目。而且因为签署了独家投资协议，也无法接触其他投资者。一旦融资企业遭遇类似的信用风险，自身权益必将受到损害，再好的项目都可能夭折。

建议：①多方位了解投资者。如今投融资市场较为透明，经营者可以通过官网、论坛、新闻等公开信息平台了解投资者的信用。②不轻易相信主动找上门的投资者。一般投资者找项目会通过朋友引荐或外部渠道推荐的方式，但也很难找到名不见经传的企业和创业者。

2. 完工风险

完工风险是指项目因各种原因无法按时完工或未达到预期效果，导致资金无法按时回收的风险。这种风险可能由于技术难题、资金短缺、政策变动等原因导致。项目无法完工或延期完工会导致资金占用成本增加、市场机会丧失，严重的甚至导致项目完全失败。

建议：①提升项目调研质量。在项目开始前进行充分的市场调研和技术评估，确保项目的可行性和营利性。②建立完工保证基金。对于建设周期长，受技术、政策、资金等方面影响较大的项目，企业可以拿出一部分资金作为完工保证基金，便于灵活使用。③购买保险。当出现不可抗力时，保险能给予企业直接的资金保障。

3. 生产风险

生产风险是指在生产过程中出现的问题，如设备故障、原材料短缺、工艺问题等，导致企业无法正常生产或产品质量下降的风险。这种风险可能对企业的生产计划、成本控制和市场声誉造成严重影响。

建议：①提高设备维护水平。加强生产设备的维护和保养，确保设备的正常运行和稳定生产。②加强供应链管理。与供应商建立长期稳定的合作关系，保障原材料的稳定供应和可靠质量。

4. 技术风险

技术风险是指由于技术更新迅速、技术失败或技术侵权等原因导致企业产品或服务失去市场竞争力或面临法律纠纷的风险。这种风险可能由企业技术研发能力不足、技术创新方向错误或技术保密工作不到位等原因引起。技术风险的发生可能导致企业的市场份额下降、声誉受损，甚至面临法律诉讼和巨额赔偿。

建议：①加强技术研发和创新。通过持续的技术研发和创新，确保企业在市场中保持技术领先地位。②强化知识产权保护。及时申请和保护专利、商标等知识产权，避免技术侵权纠纷的发生。

5. 市场风险

市场风险是指因市场变动而导致投资损失的风险。在融资过程中，市场风险主要来源于宏观经济环境的变化、行业竞争的加剧以及市场需求的波动。例如，经济衰退可能导致消费者购买力下降，从而影响企业的销售收入和盈利能力。这种风险不仅难以预测，且一旦发生将会给投融资双方都造成极大损失。

建议：①加强市场调研。密切关注市场动态和消费者需求变化，制定灵活的市场策略以应对潜在的市场风险。②提高产品竞争力。通过技术创新、品牌建设和营销策略等手段提高产品或服务的市场竞争力。③风险分担。在融资协议中明确市场风险的分担机制，减轻企业的风险压力。

6. 金融风险

金融风险是指由于金融市场波动、利率变化、汇率变动等原因导致企业融资成本上升或投资收益下降的风险。这种风险通常由于不可预见的市场因素或企业自身的投资决策失误引起。金融风险的发生可能导致企业资金成本增加、投资回报下降，甚至让企业陷入财务困境。

金融风险中最常见的就是利率风险和汇率风险。

利率风险是指因利率变动而导致投资收益或融资成本变化的风险。在融资过程中，利率风险主要表现为利率上升导致融资成本增加或利率下降导致投资收益减少。

汇率风险是指因汇率变动而导致投资收益或融资成本变化的风险。在融资过程中，汇率风险主要来源于跨国融资活动或涉及外汇资金的融资活动。

建议：①加强金融风险管理。加强对金融市场的研究和分析，及时调整投资策略和风险管理措施。②融资多元化。通过多元化融资和投资手段降低金融风险，避免单一市场的过度依赖。③关注利率走势。选择合适的融资工具和期限结构来规避利率风险。例如，在利率上升预期下，选择固定利率贷款；在利率下降预期下，选择浮动利率贷款。④制定避险策略。对于涉及外汇资金的融资活动，企业应密切关注汇率走势，采取相应的避险措施如使用远期外汇合约、外汇期权等工具来锁定汇率风险。

7. 政策风险

政策风险是指由于政府政策调整或法律法规变化，导致企业融资环境发生变化造成的风险。这种风险可能导致企业融资难度增大、融资成本上升。

建议：①密切关注政策动态。加强与政府部门的沟通和协调，及时了解政策变化和法律法规调整情况，并实时调整企业的经营策略。②制定灵活的融资策略。在融资过程中，企业应充分考虑政策因素对未来收益和成本的影响，并制定相应的应对策略。

8.法律风险

法律风险是指因违反法律法规或合同约定而导致的风险。在融资过程中，法律风险可能来源于合同条款的不明确、法律法规的变更等。

建议：①加强合同管理。在融资过程中，企业应加强合同管理和审查，确保合同条款的合法性和合规性。②建立法律风险防控机制。这包括风险评估、法律咨询和纠纷处理等方面，降低法律风险对企业融资的影响。③强化法律意识。加强法律培训和宣传，增强企业的法律意识和风险防范能力。

综上所述，融资过程中存在的各种风险对融资企业可能产生严重的影响。为应对这些风险，首先，企业应建立健全风险管理体系和内部控制体系来提高风险应对能力；其次，企业应加强与政府部门、金融机构等各方合作以获取更多的资源支持；最后，企业应持续关注市场动态和政策变化以制定合适的融资策略。只有这样，企业才能在融资过程中有效规避风险，实现稳健发展。

建立有效的融资风险评估和分析模式

融资是企业运营和发展的重要手段，而融资风险则是企业在融资过程中必须面对的核心问题。有效的融资风险评估和分析模式可以帮助企业准确识别风险、科学决策，从而确保企业的健康、稳定发展。

融资风险评估是通过对企业融资过程中可能出现的各种风险进行识别

和量化，分析这些风险对企业财务状况和未来发展的可能影响，从而为企业的融资决策提供科学依据。

融资风险评估的重要性主要体现在以下三个方面。

（1）帮助企业科学决策。通过融资风险评估，企业可以全面了解融资过程中的各种风险，从而制定更加科学合理的融资策略。

（2）保障企业资金安全。融资风险评估有助于企业及时发现和防范潜在风险，避免资金损失，保障企业资金安全。

（3）提升企业风险管理水平。融资风险评估要求企业建立完善的风险管理体系，提升企业的风险管理水平，增强企业的竞争力。

融资风险评估和分析模式的构建是一项系统化的工程，而且不同行业的企业和不同发展阶段的企业所需的风险评估和分析模型都不尽相同。但其中的一些关键点是相通的，在此我们将这些关键点列出，供经营者参考。

（1）明确融资风险评估的目标，如降低融资成本、优化融资结构、保障资金安全等。

（2）全面收集与企业融资相关的各种风险信息，包括市场风险、信用风险、利率风险、汇率风险等。

（3）运用定性和定量的方法，识别并量化各种融资风险，如通过专家打分法、概率统计法等对风险进行评估。

（4）根据风险的特点和企业的实际情况，选择合适的评估模型，如风险矩阵模型、模糊综合评价模型等。

（5）根据风险评估结果，制定相应的风险应对策略，如风险规避、风险降低、风险转移等。

在应用融资风险评估和分析模式时，企业应注重以下四个方面。

首先是动态调整。随着市场环境和企业状况的变化，融资风险评估和分析模式应随之调整，确保评估结果的准确性和有效性。

其次是数据支持。充分利用数据资源，提高风险评估的精确性和客观性。这包括利用历史数据进行风险分析,以及通过实时监测和数据更新来动态评估风险。

再次是跨部门协作。融资风险评估和分析需要企业内部多个部门的共同参与和共享协作,包括财务部门、市场部门、风险管理部门等,以提高风险评估的准确性和全面性。

最后是持续改进。企业应定期对融资风险评估和分析模式进行回顾和总结,发现存在的问题和不足,并持续改进和优化评估模式。可以通过定期评估模式的有效性、收集反馈意见、引入新的评估方法和技术等方式实现。

总之,通过科学的风险评估和分析,企业可以更清晰地了解融资过程中的风险和挑战,从而制定更加合理和有效的融资策略。同时,也有助于企业提高风险管理水平,增强抵御风险的能力,为企业的长期发展奠定坚实的基础。因此,企业应高度重视融资风险评估和分析模式的建立与应用,以不断完善和优化评估模式,适应日益复杂多变的市场环境。

提升企业信用等级,提高融资水平

在现代商业环境中,企业的信用等级不仅是其市场声誉的体现,更是决定其融资能力和融资成本的关键因素。信用等级的提升不仅能够增强企业的市场竞争力,还能够有效提高企业融资水平,为企业的发展提供强有力的资金支持。因此,如何提升企业信用等级、提高融资水平成为当前企业发展过程中亟待解决的问题。

企业信用等级是评估企业信用状况的重要指标,反映了企业的偿债能力、经营状况和未来发展潜力。信用等级的高低直接影响到企业的融资能力、融资成本以及市场竞争力。在实战中,信用等级高的企业更容易获得投资者的信任和支持，从而更容易获得融资。同时，信用等级高的企业往往能够获得更多的融资渠道和更低的融资成本。因此，为了提升企业信用等级、提高融资水平，企业可以采取以下策略。

（1）规范财务管理。建立健全财务管理制度，确保企业财务报告的准确性和真实性，为提升企业的信用评级和赢得投资者信任打下基础。

（2）履行社会责任。积极履行社会责任，关注环境保护、员工福利等社会问题，有助于提升企业的社会形象和公信力，从而提升信用等级。

（3）加强与金融机构的合作。与金融机构建立良好的合作关系，积极参与金融机构的信用评级活动，有助于企业了解自身信用状况，及时发现问题并加以改进。

（4）提高经营管理水平。加强内部管理，提高经营效率和管理水平，有助于提升企业的盈利能力和偿债能力，从而提升信用等级。

提升了企业信用等级，不等于就一定可以获得投资者的青睐，进而获得投资，企业还需要在提升其信用等级的基础上采取正确的途径，将信用等级"变现"。因此，除传统的银行贷款外，企业还可以积极尝试股权融资、债券融资、项目融资等多元化融资渠道，来帮助企业获得更多资金支持。且在融资过程中，须根据企业自身特点和融资需求，合理安排债务和股权融资的比例，降低融资成本，提高融资效率。此外，企业还需要加强与金融机构的沟通与合作，了解金融机构的融资政策和要求，寻求与金融机构的深度合作，让企业有可能获得更多融资机会和优惠政策。最后，企业还必须通过技术创新、品牌建设、市场拓展等方式提高企业核心竞争力，增强企业的盈利能力和发展潜力，以吸引更多投资者和金融机构的关注和支持。

某制造企业在过去几年中通过加强内部管理、履行社会责任、规范财务管理等方式成功提升了企业信用等级。随着信用等级的提升，该企业在金融机构的融资能力和融资成本得到了明显改善。通过与金融机构的紧密合作，该企业成功获得了低成本、长期的贷款支持，有效支持了企业的扩张计划和技术创新。同时，该企业在市场上也获得了更多用户的信任和合作机会，实现了业务规模的快速增长。

总而言之，通过提升企业信用等级、提高融资水平，企业可以在激烈的市场竞争中占据更有利的位置，实现快速高质量的融资，保证企业的持续稳健发展。在实际操作过程中，企业应根据自身特点和实际情况制订具体的实施方案和措施，确保信用等级提升和融资水平提高工作的有效推进。同时，企业还应密切关注市场动态和政策变化，及时调整融资策略，以适应不断变化的市场环境。未来，相信通过不断的实践和探索，企业会在提升企业信用等级、提高融资水平的道路上取得更加显著的成效。

注重融资渠道的开发和拓展

融资渠道的开发和拓展不仅关乎企业的资金流动性和运营效率，更直接影响到企业的市场竞争力和长期发展规划。因此，现代企业必须高度重视融资渠道的开发和拓展，以满足不断变化的市场需求和自身发展的需要。

企业在运营过程中需要不断地投入资金，以维持正常的生产和经营活动。一个稳定和多样化的融资渠道可以确保企业在需要时及时获得所需的资金，从而保障其资金的流动性。

企业的扩张、创新和技术升级等都需要大量的资金支持。通过开发和拓宽融资渠道，企业可以获得更多的资金支持，从而推动其实现更快、更稳健的发展。

单一的融资渠道往往存在较大的风险，如银行贷款的利率波动、股市波动的影响等。通过开发和拓展多种融资渠道，企业可以分散融资风险，提高资金的安全性。

拥有多样化的融资渠道可以使企业在与其他企业竞争时更具优势，如更高的信用评级、更低的融资成本等，从而增强企业的市场竞争力。

因此，一个多样化的融资渠道不仅可以降低企业的融资成本，还可以提高企业资金的安全性和稳定性。那么，为了有效开发和拓展融资渠道，企业需要采取哪些策略呢？

（1）了解市场环境和政策。企业应密切关注国内外金融市场和政策动态，了解各种融资渠道的特点、优劣势和风险，以便根据市场需求和政策变化及时调整融资策略。

（2）建立健全的财务体系。企业应建立健全的财务管理体系，提高财务透明度，加强内部控制和风险管理，为开发和拓宽融资渠道提供坚实的基础。

（3）加强与金融机构的合作。企业应积极与各类金融机构建立长期稳定的合作关系，如银行、证券公司、基金公司等，以获取更多的融资支持和优质服务。

（4）利用资本市场。企业可以通过发行股票、债券等方式直接融资，提高资本实力和市场竞争力。同时，企业还可以通过并购、重组等方式实现资源整合和规模扩张。

（5）创新融资方式。随着金融科技的不断发展，企业可以尝试采用新型的融资方式，如供应链金融、互联网金融等，以拓宽融资渠道，降低融资成本。

某科技公司在初创期面临资金紧张的问题，为了缓解资金压力，该公司积极开发和拓宽融资渠道。一方面，与多家银行建立合作关系，获得了贷款支持；另一方面，通过发行债券、股权融资等方式吸引了更多的投资者。此外，该公司还利用金融科技手段，通过供应链金融等方式实现了资金的快速流转和低成本融资。通过多渠道融资，该公司不仅成功地摆脱了初创期的资金困境，还实现了业务的快速发展和市场扩张。

由此可见，融资渠道的开发和拓展对企业的生存和发展具有重要意义。企业应根据自身特点和市场需求制定合适的融资策略，积极寻求多元化的融资渠道。同时，企业还应采取加强与金融机构合作、创新融资方式等手段不断优化和拓宽融资渠道。在实际操作过程中，企业应关注融资成本、融资风险等因素，确保融资渠道的开发和拓展符合企业的长期发展规划和战略目标。通过不断优化和拓宽融资渠道，企业将为自身的稳健发展奠定坚实的基础。随着金融市场的不断发展和创新，未来企业的融资渠道将更加丰富和多样化。因此，企业应紧跟时代步伐，不断创新融资方式和手段，以适应不断变化的市场环境和融资需求。

合理确定资金需求量，控制资金投放时间

在融资过程中，合理确定资金需求量与控制资金投放时间是企业成功融资并有效利用资金的关键。这两个方面不仅关系到企业的资金安全和运营效率，更直接影响到企业的市场竞争力和长期发展。

1. 合理确定资金需求量

资金需求量是企业在一定时期内为维持正常运营和实现发展目标所需的资金总额。合理确定资金需求量是企业融资的第一步，也是至关重要的一步。

企业应根据自身的运营状况、发展规划以及市场环境等因素，全面评估所需资金的数量和期限。这包括对企业现有的资产负债状况、现金流状况、盈利能力以及未来发展计划进行深入分析等。

企业在确定资金需求量时，还须考虑外部融资环境的变化，如国家宏观经济政策、金融市场状况、银行信贷政策等。这些外部因素会对企业的融资能力和融资成本产生影响，从而影响企业的资金需求量。

此外，企业还应运用科学的预测方法，如回归分析、时间序列分析等，对未来的资金需求量进行预测。通过这些方法，企业可以更加准确地了解未来资金需求的趋势和变化，为制订合理的融资计划提供依据。

综上所述，合理确定资金需求量不仅有助于企业避免资金短缺或过剩的风险，还可以降低融资成本，提高资金利用效率。因此，企业在融资过程中应充分重视资金需求量的确定工作。

2. 控制资金投放时间

资金投放时间是企业将筹集到的资金投入具体项目或运营中的时间节点。控制资金投放时间对于确保资金的有效利用和降低融资风险具有重要意义。

企业在投放资金时，应根据项目的进度和市场需求来确定具体的投放时间。避免过早投放资金导致资金闲置和浪费，也避免过晚投放资金影响项目的进度和市场竞争力。

企业在投放资金时，还应综合考虑资金的回报率和风险。通过分析和比较不同投资项目的收益率、风险水平以及资金需求情况等因素，选择最适合的投资项目和投放时间。

企业在控制资金投放时间时，应保持一定的灵活性和应变能力。根据市场变化及时调整资金投放计划和策略，确保资金的有效利用和企业的稳健发展。

因此，通过控制资金投放时间，企业可以确保资金在最适合的时机投入具体项目或运营中，从而提高资金的利用效率和市场竞争力，同时有助于降低企业的融资风险和企业整体经济效益的提高。

3. 资金需求量与投放时间的协同管理

在确定资金需求量和控制资金投放时间的过程中，企业还需要实现两者的协同管理。这要求企业在融资过程中不仅要关注单个环节的管理和优化，还要从全局出发，综合考虑资金需求量与投放时间的匹配性和协同性。

具体而言,企业应根据自身的运营状况、发展规划以及市场环境等因素,制订合理的融资计划。这个计划既要确保资金需求量的准确性和合理性,又要考虑资金投放时间的适宜性和灵活性。

此外,企业还应建立健全内部控制体系和风险管理机制,对融资过程进行全面监控和管理,包括定期对资金需求量和投放时间进行评估和调整,加强与其他部门的沟通和协作,及时发现和应对潜在风险等。通过这些措施,企业可以进一步提高融资管理的效率和水平,为企业的长期发展奠定坚实的基础。

综上所述,合理确定资金需求量与控制资金投放时间,不仅有助于企业降低融资成本、提高资金利用效率和市场竞争力,还有助于企业的稳健发展和长期成功。因此,企业需要不断加强融资管理能力和水平,以不断提高对资金需求量和投放时间的确定与控制能力。

健全企业融资风险防范管理长效机制

建立健全企业融资风险防范管理长效机制,对于确保企业稳健运营、实现可持续发展具有重要意义。本节将详细论述如何健全企业融资风险防范管理长效机制,包括风险识别、评估、监控、应对等方面,以期为企业提供有益的参考和指导。

1. 风险识别机制

风险识别是融资风险防范管理的基础。企业应建立完善的风险识别机制,明确风险来源和类型,为后续的风险评估和监控提供依据。具体包括以下三个方面。

(1)定期收集和分析宏观经济、金融市场、行业竞争等外部信息,以及企业内部运营数据和财务状况,做到全面掌握可能对企业融资产生影响的各种因素。

（2）建立专门的风险识别团队或委员会，负责定期评估企业融资面临的各种风险，并提出相应的防范措施。

（3）加强与金融机构、行业协会、专业咨询机构等的沟通与合作，及时获取最新的风险信息和行业动态，提高风险识别的准确性和时效性。

2. 风险评估机制

风险评估是量化风险大小、确定风险等级的过程。企业应建立科学的风险评估机制，对识别出的风险进行量化和定性分析，确定风险的大小、发生概率和影响程度。具体应包括以下三个方面。

（1）制定风险评估标准和方法，明确评估流程和责任人，确保评估结果的客观性和公正性。

（2）运用定量和定性分析法，如概率论、统计学、模糊数学等，对识别出的风险进行量化和定性分析，确定风险等级和优先级。

（3）建立风险评估报告制度，定期向企业管理层报告风险评估结果，为决策层提供决策依据。

3. 风险监控机制

风险监控是对风险实施动态管理和控制的过程。企业应建立有效的风险监控机制，对融资风险进行实时监控和预警，确保及时发现和应对风险。具体应包括以下三个方面。

（1）制定风险监控指标和阈值，明确监控频率和责任人，确保监控工作的规范性和有效性。

（2）利用信息化手段，建立风险监控系统和数据库，实现对融资风险的实时监控和数据分析。

（3）建立风险预警机制，根据监控结果及时发布风险预警信息，提醒相关部门和人员采取应对措施。

4. 风险应对机制

风险应对是针对已识别的风险采取相应措施进行管理的过程。企业应建立灵活的风险应对机制，并根据风险评估和监控结果，及时采取有效措施应对风险。具体应包括以下三个方面。

（1）制定风险应对策略和措施，明确应对责任人和时间节点，确保应对措施的及时性和有效性。

（2）加强与金融机构的沟通与合作，寻求融资支持和风险分担方案，降低企业融资风险。

（3）建立风险应对预案和应急机制，对可能出现的重大风险提前预判和准备，确保企业在风险事件突发时能够迅速响应和处置。

企业融资风险防范管理长效机制不是一成不变的，需要随着企业内外部环境的变化而持续优化和完善。因此，企业应建立长效机制的评估和改进机制，定期对风险防范管理工作进行自查和评估，以及时发现和解决问题，不断完善和优化风险防范管理体系。同时，企业还应加强对风险防范管理人员的培训和教育，增强风险防范意识和能力，确保长效机制的有效实施。